T0198577

essentials

essentials liefern aktuelles Wissen in konzentrierter Form. Die Essenz dessen, worauf es als „State-of-the-Art" in der gegenwärtigen Fachdiskussion oder in der Praxis ankommt. *essentials* informieren schnell, unkompliziert und verständlich

- als Einführung in ein aktuelles Thema aus Ihrem Fachgebiet
- als Einstieg in ein für Sie noch unbekanntes Themenfeld
- als Einblick, um zum Thema mitreden zu können

Die Bücher in elektronischer und gedruckter Form bringen das Expertenwissen von Springer-Fachautoren kompakt zur Darstellung. Sie sind besonders für die Nutzung als eBook auf Tablet-PCs, eBook-Readern und Smartphones geeignet. *essentials:* Wissensbausteine aus den Wirtschafts-, Sozial- und Geisteswissenschaften, aus Technik und Naturwissenschaften sowie aus Medizin, Psychologie und Gesundheitsberufen. Von renommierten Autoren aller Springer-Verlagsmarken.

Weitere Bände in dieser Reihe http://www.springer.com/series/13088

Thomas Bousonville

Logistik 4.0

Die digitale Transformation der Wertschöpfungskette

Thomas Bousonville
Saarbrücken, Deutschland

ISSN 2197-6708   ISSN 2197-6716   (electronic)
essentials
ISBN 978-3-658-13012-1   ISBN 978-3-658-13013-8   (eBook)
DOI 10.1007/978-3-658-13013-8

Die Deutsche Nationalbibliothek verzeichnet diese Publikation in der Deutschen Nationalbibliografie; detaillierte bibliografische Daten sind im Internet über http://dnb.d-nb.de abrufbar.

Springer Gabler

© Springer Fachmedien Wiesbaden GmbH 2017
Das Werk einschließlich aller seiner Teile ist urheberrechtlich geschützt. Jede Verwertung, die nicht ausdrücklich vom Urheberrechtsgesetz zugelassen ist, bedarf der vorherigen Zustimmung des Verlags. Das gilt insbesondere für Vervielfältigungen, Bearbeitungen, Übersetzungen, Mikroverfilmungen und die Einspeicherung und Verarbeitung in elektronischen Systemen.
Die Wiedergabe von Gebrauchsnamen, Handelsnamen, Warenbezeichnungen usw. in diesem Werk berechtigt auch ohne besondere Kennzeichnung nicht zu der Annahme, dass solche Namen im Sinne der Warenzeichen- und Markenschutz-Gesetzgebung als frei zu betrachten wären und daher von jedermann benutzt werden dürften.
Der Verlag, die Autoren und die Herausgeber gehen davon aus, dass die Angaben und Informationen in diesem Werk zum Zeitpunkt der Veröffentlichung vollständig und korrekt sind. Weder der Verlag noch die Autoren oder die Herausgeber übernehmen, ausdrücklich oder implizit, Gewähr für den Inhalt des Werkes, etwaige Fehler oder Äußerungen.

Gedruckt auf säurefreiem und chlorfrei gebleichtem Papier

Springer Gabler ist Teil von Springer Nature
Die eingetragene Gesellschaft ist Springer Fachmedien Wiesbaden GmbH
Die Anschrift der Gesellschaft ist: Abraham-Lincoln-Str. 46, 65189 Wiesbaden, Germany

Was Sie in diesem *essential* finden können

- Eine Synthese der Entwicklung und der zentralen Ideen von Logistik 4.0
- Einen Überblick über die technologischen Innovationen, auf denen Logistik 4.0 beruht
- Konkrete Anwendungen in der Transportlogistik und deren mögliche Weiterentwicklungen
- Beispiele für Logistik 4.0-Szenarien im internen Materialfluss
- Eine knappe Einführung in die Begriffe des Datenschutzes und der Datensicherheit, die für die Akzeptanz und breite Umsetzung von Logistik 4.0-Lösungen von Bedeutung sind

Vorwort

Mein Erstkontakt mit der Digitalisierung liegt über 30 Jahre zurück und fand in Form eines Commodore 64 statt. Konnte man damals das Digitale noch durch das Schließen der Zimmertür hinter sich lassen, so hat sich die Situation inzwischen umgegehrt und man müsste sich in ein abgeschirmtes Zimmer zurückziehen, um sich der digitalen Welt zu entziehen. Diese digitale Welt ist längst nicht mehr allein das Reich von Computerfreaks. Für die Digital Natives, also die Generationen, die mit dem Internet, E-Mail und Mobiltelefon aufgewachsen sind und die heute ins Berufsleben einsteigen oder bereits eingestiegen sind, gehört eben all dies zur Normalität wie Strom und asphaltierte Straßen.

Die meisten, die nicht zu den Digital Natives gehören, erleben die Durchdringung ihrer Umwelt mit Buchungsportalen, Suchmaschinen, rasenmähenden Robotern und demnächst selbstfahrenden Autos als – digitale – Transformation weiter Lebensbereiche. Diese Transformation wird selten wertneutral erlebt, denn sie ist nicht punktuell, sondern grundlegend und lässt sich – wie oben beschrieben – schlecht ausblenden. Die Reaktionen reichen von technologischen Heilserwartungen bis hin zum Gefühl des Bedrohtseins durch den zunehmenden Verlust von Sicherheiten und Kontrolle. Letzterem und oftmals auch ersterem liegt ein mangelndes Wissen und Verständnis über die Grundlagen und Konsequenzen der fortschreitenden Digitalisierung unserer Arbeits- und Lebenswelt zugrunde.

Dieses *essential* hat zum Ziel, für den Bereich der Logistik einen Beitrag zur Information über die technologischen Treiber und ihre wirtschaftlichen Implikationen, aber auch ihre Grenzen zu leisten. Durchgängig werden Hinweise zum Weiterlesen und Vertiefen der in einem *essential* notwendigerweise kompakt dargestellten Inhalte gegeben. In Sinne des Autors soll der Leser nach der Lektüre in der Lage sein, aufgeklärt und faktenbasiert zum Thema „Logistik 4.0" mitdiskutieren und mitgestalten zu können. Das Buch richtet sich damit zum einen an Praktiker, die in ihrem Unternehmen vermehrt mit Fragen der Digitalisierung konfrontiert sind und eine kompakte Einführung suchen. Zum anderen an Studierende, die sich in ihrem Bachelor-Studium mit Fragestellungen der Logistik und der Wirtschaftsinformatik auseinander setzen. Und natürlich an alle generell Neugierigen.

Mein Dank gilt den Kolleginnen und Kollegen des Clusters Logistik an der Hochschule für Technik und Wirtschaft des Saarlandes, die im Jahr 2015 mit dem Hochschulpreis „Güterverkehr und Logistik" des BMVI zum Thema „Digitalisierung der Logistiklehre" ausgezeichnet wurde, was einen wichtigen Implus für das Entstehen dieser Arbeit darstellte. Weiterhin danke ich den Studierenden des Seminars „Industrie und Logistik 4.0", die mit ihren Ideen und Diskussionsbeiträgen den vorliegenden Text sehr bereichert haben. Zu guter Letzt danke ich besonders meiner Familie, Bianca, Alexander und Clara für die geduldige Unterstützung jeder Art, die mir das Abfassen dieses *essentials* ermöglichte.

Saarbrücken   Prof. Dr. Thomas Bousonville
Deutschland

Inhaltsverzeichnis

Abkürzungen

API	Application Programming Interface
BDSG	Bundesdatenschutzgesetz
BITKOM	Bundesverband Informationswirtschaft, Telekommunikation und neue Medien
BMVI	Bundesministerium für Verkehr und digitale Infrastruktur
BSI	Bundesamt für Sicherheit in der Informationstechnik
CAN-Bus	Controller Area Network-Bussystem
CNC	Computerized Numeric Control
CPS	Cyber Physical System
CPU	Central Processing Unit
DSGVO	Datenschutz-Grundverordnung
ELT	Extract Load Transfrom
EPC	Electronic Product Code
ERP	Enterprise Resource Planning
ETL	Extract Transfrom Load
FMS	Flotten-Management-Schnittstelle
FTS	Fahrerlose Transportsysteme
GG	Grundgesetz
GLN	Global Location Number
GS1	Global Standards One
GSM	Global System for Mobile Communications
GTIN	Global Trade Item Number
IaaS	Infrastructure as a Service
IEC	International Electrotechnical Commisson
IoT	Internet of Things (Internet der Dinge)
ISO	International Organization for Standardization

KLT	Kleinladungsträger
LIN	Local Interconnected Network
MDM	Mobilitätsdaten-Marktplatz
MIT	Massachusetts Institute of Technology
MTS-K	Markttransparenzstelle für Kraftstoffe
OEM	Original Equipment Manufacturer
PaaS	Plattform as a Service
RFID	Radio Frequency Identification
ROI	Return On Investment
SaaS	Software as a Service
SGTIN	Serialised Global Trade Item Number
SOA	Service Orientierte Architektur
SSCC	Serial Shipping Container Code
TMS	Transport Management System
VDMA	Verband Deutscher Maschinen- und Anlagenbau
ZVEI	Zentralverband Elektrotechnik- und Elektronikindustrie

Einleitung 1

Logistik 4.0 – Revolution oder Evolution? Anstatt sich an dieser vermeintlichen Gretchenfrage aufzuhalten, sollte man sich bewusst machen, dass sogenannte „revolutionäre" Veränderungen kein Privileg der heutigen Zeit sind. Auch früher gab es schon dramatische Umbrüche in Technik und Wirtschaft. So entstand in der zweiten Hälfte des 19. Jahrhunderts innerhalb von kaum mehr als einer Generation das deutsche Eisenbahnnetz und damit zum ersten Mal in der Geschichte ein massenguttaugliches Transportsystem jenseits der Wasserstraßen mit nicht zu unterschätzenden Auswirkungen in nahezu allen wirtschaftlichen und gesellschaftlichen Bereichen.

Einer der bedeutendsten Megatrends unserer Zeit ist ohne Zweifel die Digitalisierung. Ebenso wie beispielsweise die Globalisierung führt sie zu nachhaltigen Veränderungen, die eine Vielzahl von Lebensbereichen durchdringen. In einem wettbewerbsgetriebenen Wirtschaftssystem sind Unternehmen dem Druck ausgesetzt, die Chancen, die sich durch veränderte Rahmenbedingungen ergeben, frühzeitig zu erkennen und umzusetzen, wenn sie am Markt bestehen und erfolgreich in die Zukunft steuern wollen.

Schlagworte wie Big Data, autonome Systeme und intelligente Objekte oder eben auch Logistik 4.0 wirken in ihrer unscharfen Abgrenzung bisweilen mehr wie Nebelkerzen, als dass sie Orientierung für die vor uns liegende Strecke bieten. Das Buch konkretisiert diese Begriffe und ihren Beitrag zur Digitalisierung der Logistik anhand von beispielhaften Anwendungsfällen in Transport, Lagern und Materialfluss.

Das *essential* stellt keine systematische Handreichung zur Entwicklung einer umfassenden Digitalisierungsstrategie der Logistik für Ihr Unternehmen oder Ihren Bereich dar. Vielmehr soll es im Spannungsbogen zwischen bereits umgesetzten Digitalisierungsprojekten und anderen – auch wegen der rechtlichen Rah-

© Springer Fachmedien Wiesbaden GmbH 2017
T. Bousonville, *Logistik 4.0*, essentials,
DOI 10.1007/978-3-658-13013-8_1

menbedingungen – erst in einigen Jahren zu erwartenden Alltagstechnologien die Fantasie anregen, diesen strategischen Prozess aktiv zu begleiten und anzutreiben anstatt getrieben zu werden – ohne dabei in eine durch einen Hype erzeugte Panik zu verfallen, falls „heute schon Mittwoch ist, und sie noch keine App entwickelt haben", wie es zuletzt ein befreundeter Unternehmensberater ausgedrückt hat.

Konzeptionelle Grundlagen von Logistik 4.0

Heute sind viele Unternehmen noch unsicher in der Interpretation des Themas Logistik 4.0 zwischen Marketing und Zukunftstrend. Daher soll im Abschn. 2.1 seine Entstehung nachgezeichnet werden und in den folgenden Unterkapiteln die beiden wesentlichen Ideen der umfassenden digitalen Vernetzung physischer Objekte (Abschn. 2.2) sowie das Prinzip der dezentralen Steuerung (Abschn. 2.3) vorgestellt und in Teilen kritisch hinterfragt werden. Abschn. 2.4 beleuchtet die Idee von Daten als wertschöpfendem Produktionsfaktor, mit dessen Hilfe neue Geschäftsmodelle entwickelt werden können bzw. alte transformiert werden müssen. Abschließend widmet sich Abschn. 2.5 der Abgrenzung zwischen Industrie 4.0 und Logistik 4.0 und setzt damit den Rahmen für die Beispiele, die in diesem Buch vorgestellt werden.

2.1 Die Entwicklung von 1.0 zu 4.0

Aktuell erleben wir eine inflationäre Verwendung des „4.0"-Begriffs in den unterschiedlichsten Domänen: Education 4.0, Health 4.0, Government 4.0 und eben auch Logistik 4.0. Abgeleitet sind all diese Varianten von dem durch die Promotorengruppe der Forschungsunion Wirtschaft-Wissenschaft 2011 vorgeschlagenen und im Umfeld der Hannover-Messe des gleichen Jahres publik gemachten Begriff „Industrie 4.0" (Kagermann und Lukas 2011). Zwei Jahre später wurde während der Hannover-Messe 2013 die nationale Plattform Industrie 4.0[1] gegründet. Sie versteht sich als eine verbandsübergreifende Initiative der Verbände

---

[1]http://www.plattform-i40.de, Abruf: 01.04.2016.

© Springer Fachmedien Wiesbaden GmbH 2017
T. Bousonville, *Logistik 4.0*, essentials,
DOI 10.1007/978-3-658-13013-8_2

3

ZVEI, VDMA und BITKOM, die in enger Kooperation zwischen Politik, Wissenschaft und Wirtschaft die „Informatisierung" der deutschen Fertigungstechnik vorantreiben will. Der 4.0-Begriff ist damit ursprünglich in Deutschland im Rahmen eines wissenschafts- und industriepolitischen Diskurses entstanden und hauptsächlich im deutschen Sprachgebrauch verbreitet, auch wenn er inzwischen teilweise in anderen Sprachräumen Widerklang findet (vgl. z. B. Usine Digitale 2016). Im originär englischsprachigen Raum wird eher von Smart Factory oder Smart Manufacturing gesprochen. Die dahinterliegenden Ideen entsprechen im Grundsatz denen der Industrie 4.0.

Der Zusatz „4.0" leitet sich ab aus der Einordnung der aktuell rasanten Digitalisierung in die Reihe der drei bisherigen industriellen Revolutionen. Diese drei industriellen Revolutionen sind laut Bauernhansl (2014, S. 6) ausgelöst worden durch

1. die Einführung der Dampfmaschine und die folgende Mechanisierung der Produktion (Ersatz von manueller Arbeit) sowie die Entwicklung der Eisenbahn ab der 2. Hälfte des 18. Jahrhunderts zunächst in England (1. industrielle Revolution)
2. die Nutzbarmachung der Elektrizität und den Einsatz neuer, arbeitsteiliger Organisationsformen zur Massenproduktion ab ca. 1870 (2. industrielle Revolution)
3. die Automatisierung der Produktion nach dem 2. Weltkrieg durch den zunehmenden Einsatz von Elektronik und Computertechnologie in Form von CNC-Maschinen und Industrie-Robotern (3. industrielle Revolution).

Als Faktoren, die zur umfassenden Digitalisierung führten, sind die Leistungssteigerung, Miniaturisierung und kostengünstige Produktion in der Mikroelektronik mit ihren Anwendungen in Sensorik, Datenübertragungstechnik und Displays zu nennen. Ebenso haben sich die Möglichkeiten der Speicherung, Übertragung und Bearbeitung von großen Datenmengen enorm erweitert (Wrobel et al. 2015, S. 370). Im Ergebnis liegen heute viele Daten in digitaler Form vor.

Können diese Entwicklungen noch als Fortsetzung der bereits in der dritten industriellen Revolution nach 1960 vorzufindenden Automatisierung begriffen werden, so setzt in der Zeit ab den 1990er Jahren eine zunehmende Vernetzung der einzelnen computerisierten Insellösungen ein. Bahnbrechend war die Einführung des Internets und seiner weltweit gültigen Standards. In der Tat heben alle Autoren die digitale Vernetzung der physischen Objekte – als „Internet der Dinge" bezeichnet – als charakteristisch für die vierte industrielle Revolution hervor.

Obwohl in diesem Buch der Begriff der vierten industriellen Revolution im Einklang mit den oben beschriebenen Entwicklungsschüben verwendet wird, sei zur Vorsicht im Umgang mit dem Begriff „Revolution" geraten. Die Verwirklichung der Vision der totalen Vernetzung aller denkbaren Entitäten unseres Alltags inklusive unseres Selbst wird sicher eine neue Qualität des Wirtschaftens und der Gesellschaft insgesamt hervorbringen. Auf dem Weg dorthin werden wir aber Vieles als Evolution und als Lösung konkreter, abgegrenzter Probleme wahrnehmen. Die mit dem Terminus „Revolution" assoziierten Vorstellungen und Emotionen können Erwartungen oder auch Ängste wecken, die eher die Gefahr der Diskreditierung dieser bedeutsamen Entwicklungen bergen anstatt ihr – was ja das eigentliche industriepolitische Ansinnen ist – den Weg zu ebnen.

2.2   Die digitale Vernetzung der physischen Objekte

„Logistik 4.0" steht demnach für die umfassende Informatisierung der Logistikbranche mit ihren Akteuren und Objekten. Informatisierung bedeutet in der unmittelbarsten Form, dass über diese Objekte und Akteure Informationen digital zur Verfügung stehen. Das heißt es existiert ein – wenn auch in der Regel unvollständiges – digitales Abbild dieser Objekte, mit ihren Eigenschaften (z. B. Identifikationsnummer oder Größe) und Zustandsgrößen (z. B. aktuelle/r Ort/Position, Füllgrad). Besteht die Möglichkeit, diese Eigenschaften und Zustände an die Umgebung zu kommunizieren, oder von dieser ausgelesen zu werden, so kann man von einer Vernetzung der Objekte mit ihrer Umgebung sprechen.

Analog zum Internet, das grundsätzlich zur Vernetzung von Computern dient, bezeichnet man die Vision der umfassenden Vernetzung von Objekten aller Art als Internet der Dinge (Internet of Things, IoT). Es geht demnach beim IoT nicht primär um die Vernetzung von Computern, die Menschen in Schreib-, Rechen- und anderen konzeptionellen Aufgaben unterstützen, sondern um die Vernetzung von Fertigungsmaschinen, Kühlschränken, Paletten usw., also von Objekten, deren Hauptzweck nicht auf abstrakte Transformationen sondern auf physikalisch-mechanische Aufgaben ausgerichtet ist.

Ein frühes Beispiel hierfür aus dem Jahr 1993 ist die Trojan-Room-Kaffeemaschine[2], bei der der Zustand einer Kaffeemaschine noch nicht direkt durch die Maschine selbst, sondern durch eine Webcam erfasst wurde. Diese Webcam über-

---

[2]https://en.wikipedia.org/wiki/Trojan_Room_coffee_pot, Abruf: 10.05.2016.

trug die Daten über Internetprotokolle in die gerade erst im gleichen Jahr mit der Möglichkeit der Bildwiedergabe ausgestatteten Webbrowser. Das erlaubte den Mitarbeitern des Computerlabors der University of Cambridge den Füllstand der Kaffeekanne auch vom entfernten Arbeitsplatz aus im Auge zu behalten und so (logistisch!) unnötige Wege zu einem leeren Behälter zu vermeiden, bzw. just-in-time den frischen Kaffee zu genießen.

Anders als bei klassischen digitalen Abbildern (z. B. dem in der Planungs-phase verwendeten Simulationsmodell eines Kommissioniersystems) wachsen durch den Datenaustausch zwischen dem physischem Objekt und seiner digitalen Repräsentation die „reale und virtuelle Welt zum Internet der Dinge zusammen"[3]. Ein weiteres Beispiel dafür ist der auf einer digitalen Karte nachverfolgte LKW, heute Standard in den meisten Speditionen. Dies setzt voraus, dass die Zustände des Objektes in möglichst kurzen Intervallen über Sensoren ermittelt und idealer-weise in Echtzeit an ein IT-System, mit dem das Objekt kabelgebunden oder kabellos verbunden ist, übertragen werden. Von dort können die Daten dann über das Internet oder proprietäre Netze externen und internen Nutzern zur Weiterver-arbeitung zur Verfügung gestellt werden. Ebenso sollte die Kommunikation in die andere Richtung möglich sein, also die Übertragung von Daten an das physische Objekt.

Damit physische und virtuelle Welt zusammenfinden, müssen physische Objekte eindeutig identifiziert werden können. Schon das Beispiel der Kaffee-maschine zeigt, dass ab dem Moment, in dem mehr als eine Maschine auf diese Art und Weise über das Internet angebunden ist, eine Identifikation der jeweili-gen Maschine (z. B. über einen eindeutigen Standort) notwendig ist, um den gewünschten Anwendungsnutzen zu gewährleisten. Daher verwundert es nicht, dass der IoT-Begriff eng mit Identifikationstechnologien, insbesondere RFID, verbunden ist. Tatsächlich wurde er erstmalig von Kevin Ashton am MIT AutoID-Labor verwendet. Noch vor den Arbeiten am MIT entwarf Mark Weiser (1991) die Vision einer Welt von vernetzten Objekten, damals unter dem Begriff „Ubi-quitous computing".

Durch den Siegeszug des Mobilfunks und später des Smartphones (mit dem Apple iPhone als Pionier) tragen wir heute praktisch alle eine universelle, an das Internet angeschlossene Datenquelle mit uns herum. Je nach Freigabeeinstellun-gen übermitteln wir so unsere aktuelle Position und erlauben es Unternehmen wie

---

[3]Hightech-Strategie der Bundesregierung, http://www.hightech-strategie.de/de/Industrie-4-0-59. php, Abruf: 01.04.2016.

Google aus den aggregierten Daten z. B. Informationen über den Verkehrsfluss im Straßennetz abzuleiten.

Bereits in den Szenarien von Weiser sind die Objekte mit Mikroprozessortechnik ausgestattet und oft wird im Zusammenhang mit dem Internet der Dinge von „intelligenten Objekten" gesprochen. Wir wollen diesen schillernden Begriff im technischen Kontext so verwenden, dass eine Entität eigenständig in der Lage ist, ein vorgegebenes Ziel zu verfolgen oder eine mehr oder weniger klar definierte und eingegrenzte Aufgabe zu lösen. Solche Entitäten oder Systeme verfügen dann über einen gewissen Grad an Autonomie oder Selbststeuerung, Begriffe, mit denen sich das nächste Kapitel beschäftigt.

2.3 Selbststeuerung und Dezentralität

Selbststeuerung einer Einheit oder eines Systems bedeutet, dass dieses eigenständig und ohne direkte Anweisungen von außen ein vorgegebenes Ziel verfolgt oder einen Zustand aufrechterhält. In diesem Sinne erreicht ein sich selbst steuerndes Auto auch ohne Eingreifen eines menschlichen Fahrers „autonom" ein im Navigationssystem einprogrammiertes Ziel.

Ein klassisches Beispiel für ein sich selbst steuerndes System, das grundsätzlich auch ohne jegliche Informationstechnologie auskommt, ist die Materialversorgung nach dem KANBAN-Prinzip. Die Steuerungslogik besteht darin, dass am Ziel entnommene Materialien, zusammengefasst zu KANBAN-Einheiten, von der vorgelagerten Quelle wiederbeschafft werden (entweder über einen Transport- oder Produktionsauftrag, der durch die KANBAN-Karte repräsentiert bzw. angestoßen wird). Eine zentrale Steuerungsinstanz, die im Voraus einen Plan erstellt, wann welche Teile in welcher Zahl an welcher Stelle bereitgestellt werden müssen, ist nicht notwendig.

Über- und untergeordnete Systeme lassen sich in der Logistik in vielfältigster Weise identifizieren. Die Komplexität von logistischen Systemen macht eine entsprechende Hierarchisierung von Entscheidungen geradezu notwendig. Einige Autoren (z. B. ten Hompel und Kerner 2015, S. 176) erwarten, dass durch die Verbreitung des IoT, der Grad an dezentraler Steuerung und Autonomie in Produktions- und Logistikprozessen zunehmen wird. Als Beispiel verweisen sie u. a. auf zellulare Transportsysteme, in denen mobile Fördertechnikelemente starre, monolithische Materialflussanlagen ersetzen und damit flexibler auf sich ändernde Anforderungen reagieren können, als dies bei einem festen Layout der Fall ist. Ihre Anweisungen erhalten diese mobilen Transporteinheiten nicht mehr von einem zentralen Materialflussrechner, sondern verhandeln die zu erledigen-

den Aufträge untereinander und in Kommunikation mit den (ebenfalls intelligenten) Transporteinheiten. Möglich wird dies durch die digitale Repräsentation der
einzelnen Elemente eines Materialflusssystems als Softwareagenten, die in einem
Multi-Agentensystem miteinander Entscheidungen über Reihenfolgen oder das
Routing verhandeln (Günther et al. 2008).

Andererseits lässt sich auch argumentieren, dass die Ausstattung der Objekte
auf der operativen Ebene mit Sensoren und der Möglichkeit, Informationen über
ihren Zustand nahezu in Echtzeit an übergeordnete Ebenen zu übermitteln, es
letzteren gerade erst erlaubt Entscheidungen zentral zu treffen, die sie vorher aus
Unkenntnis über den lokalen Zustand der dezentralen Ebene überlassen haben.
Zur Illustration sei die Situation im Güterfernverkehr herangezogen: Während
LKW-Fahrer viele Entscheidungen (Streckenfindung, Pausen etc.) in einer nicht
vernetzten Welt autonom treffen mussten bzw. durften, liegen durch die Verbreitung von Telematiksystemen Informationen über die Position des LKW, die Lenk-
und Ruhezeiten des Fahrers und vieles mehr nahezu in Echtzeit beim Disponenten
vor. Diese Transparenz ermöglicht es dem Disponenten gewisse Entscheidungen
zentral zu treffen und die Einhaltung dieser Vorgaben zu überwachen. Da Fahrer
beispielsweise Raststätten sicher nicht immer nach unternehmensgewinnmaxi-
mierenden Kriterien auswählen, zeigt dieses Beispiel auch die arbeitspsycholo-
gischen Implikationen, die eine Verlagerung von Entscheidungskompetenzen in
menschlichen Arbeitssystemen haben kann und die sicher bei der Diskussion über
das technisch Machbare zu berücksichtigen sind.

Als Fazit kann festgehalten werden, dass einige Entwicklungen, wie z. B. die
Ausstattung von Objekten mit Mikroprozessoren und Funkchips die dezentrale
Steuerungsfähigkeit erhöhen, der höhere Informationsaustausch zwischen dezentraler und übergeordneter Ebene allerdings die Möglichkeit eröffnet, Entscheidungen in die eine oder andere Richtung zu verlagern.

2.4   Ökonomische Verwertungsmodelle: vom Bit zum Mehrwert

Nicht nur aus Steuerungssicht stehen Daten und Informationen im Zentrum der
vierten industriellen Revolution. Sie sind die Basis, auf der neue Geschäftsmodelle aufgebaut werden, bzw. bestehende Anwendungsfälle effektiver und effi-
zienter abgewickelt werden können. Dabei ist der Mehrwert einer verlässlichen
Datenbasis für die Lösung logistischer Aufgabenstellungen, sei es die Bestim-
mung eines Sicherheitsbestandes oder die Etablierung des kommenden Produkti-
onsprogrammes nicht neu.

Neu ist allerdings, dass Daten ins Zentrum rücken und der mit Ihnen zu erzielende Mehrwert am Ende eines regelrechten digitalen Wertschöpfungszyklus steht (vgl. Abb. 2.1). Dieser beginnt mit der Generierung von Rohdaten über Sensoren, die von intelligenten Produkten (ein Smartphone, ein mit Telematik ausgestatteter LKW) an datenführende Systeme gesendet werden. Diese Systeme bestehen entweder in Form einer unternehmenseigenen Cloud (Porter und Heppelmann 2015, S. 101) oder werden vom Anbieter der intelligenten Produkte bzw. einem speziellen IT-Dienstleister bereitgestellt. Wichtig ist die frühzeitige Absicherung der Qualität dieser Rohdaten, denn gemäß dem „Garbage-in-Garbage-out"-Prinzip wird es im weiteren Prozess schwierig sein, gute Ergebnisse zu liefern, wenn die Ausgangsbasis keinen hinreichenden Qualitätsanforderungen genügt. Die Analyse der Rohdaten kann überdies zur Verbesserung der eingesetzten Hardware und Sensortechnologie beitragen. In gewissen Fällen können auch durch statistische Verfahren oder das Wissen über technische Zusammenhänge Daten interpoliert oder fehlerhafte Werte automatisch korrigiert bzw. eliminiert werden.

Im nächsten Schritt können die erhobenen Daten mit anderen, möglicherweise auch aus unternehmensexternen Quellen stammenden, Daten verknüpft werden.

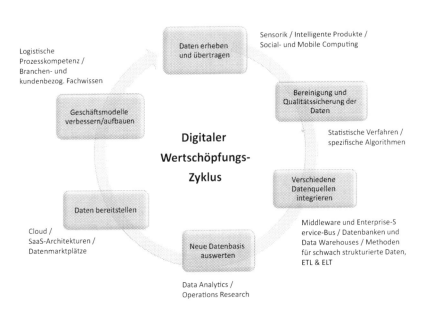

Abb. 2.1 Wertschöpfungszyklus datengetriebener Geschäftsmodelle

Dies kann über klassische Importmethoden wie ETL (Extract Transform Load) bzw. ELT (Extract Load Transform) oder über online miteinander verbundene Systeme in Form einer Enterprise Service Bus-Technologie ggf. unter Verwendung einer Middleware erfolgen. Im Anschluss erfolgt eine Speicherung (Persistierung) in Datenbanksystemen bzw. die Extraktion in Data Warehouses zur weiteren Analyse. Für eine Integration von Daten aus heterogenen Systemlandschaften ist das Vorliegen von Standardprotokollen und Standardschnittstellen ein großer Vorteil. Umgekehrt ausgedrückt ist die Interoperabilität verschiedener datenführender Systeme ein technisch wie ökonomisch kritischer Erfolgsfaktor für die Entwicklung datenbasierter Produkte (siehe Abschn. 3.4).

Liegen die für den angestrebten Geschäftszweck notwendigen Daten in verknüpfter Form vor, so erlauben es Methoden des Data Mining oder auch die Anwendung von Verfahren des Operations Research aus der neuen Datenbasis Informationen abzuleiten, die aus den ursprünglichen Daten nicht direkt herauszulesen sind. Soll zum Beispiel die erwartete Ankunftszeit eines LKW an einem Ziel berechnet werden, so sind zumindest Daten über seine aktuelle Position, die geplante Route, seine Restlenkzeit (idealerweise die Lenk- und Ruhezeithistorie) sowie die aktuelle Verkehrslage aus verschiedenen Systemen und Quellen zusammenzutragen. Die voraussichtliche Ankunftszeit kann dann auf dieser Basis mithilfe eines Algorithmus bestimmt werden.

Damit diese Information in übergeordneten logistischen Prozessen (z. B. dem Buchen von Zeitfenstern bei Kunden) verwertet werden kann, muss sie diesen wiederum über möglichst standardisierte Schnittstellen oder geeignete Benutzerinterfaces bereitgestellt werden.

Ist der Kunde bereit für die gelieferten Informationen Geld zu bezahlen, das über den Wert der eingesetzten Ressourcen hinaus geht, so ist mit den in Abb. 2.1 beschriebenen Prozessschritten eine rein datenbasierte Wertschöpfung verbunden. Aus dem Rohstoff „Daten" kann durch Weiterverarbeitung ein virtuelles Produkt erzeugt werden, das zumindest Geld, manchmal auch Gold wert ist. Dass Daten nicht nur in einem einzigen Schritt aufbereitet und dann direkt im Endkundenprozess eingesetzt werden, sondern durchaus mehrere Stufen und Unternehmen daran beteiligt sein können[4], veranschaulicht das Bild einer datengetriebenen Wertschöpfungskette (vgl. Abb. 2.2).

---

[4]Vgl. das obige noch recht einfache Beispiel zur geplanten Ankunftszeit: Die bereits als Ergebnis aufwändiger Transformationsprozesse aus Primärdaten (u. a. GPS-Signale von Mobilfunktelefonen) entstandenen Verkehrsflussinformationen werden hier weiterverarbeitet und mit Daten aus weiteren Quellen verknüpft und erneut algorithmisch ausgewertet, bevor sie für den finalen Zweck (Zeitfensterbuchung) eingesetzt werden.

Abb. 2.2   Die datengetriebene Wertschöpfungskette

Eine besondere Herausforderung bei der Entwicklung von datengetriebenen Geschäftsmodellen sind die dafür notwendigen interdisziplinären Kompetenzen. Informatiker, insbesondere solche mit einer Spezialisierung als Data Scientist, verstehen und beherrschen zwar die notwendigen Technologien rund um die Verarbeitung, Transformation und Analyse von Daten, ihnen mangelt es aber in der Regel am Einblick in die fachlichen Anforderungen in der logistischen Praxis (BITKOM 2015, S. 119). Den Anwendern wiederum fehlt es an einem Überblick über das technisch Machbare, insbesondere in einer Branche wie die der Logistik(dienstleistung), in der der Anteil an akademisch ausgebildeten Mitarbeitern auch in Entscheidungspositionen im Vergleich zur Industrie relativ niedrig ist.

Eine 2015 im Auftrag des BITKOM durchgeführte Studie schätzt das weltweite Marktvolumen von datengetriebenen Produkten, Dienstleistungen und Lösungen auf über 70 Mrd. €, wobei ein Großteil davon auf die Anwendungstechnologien entfällt und die Basiskomponenten wie Netzwerke, Sensoren oder Hardwareinfrastruktur weniger als ein Sechstel des Marktes darstellen (vgl. Abb. 2.3). Auch wenn die direkt logistikbezogenen datengetriebenen Produkte und Dienstleistungen nur ein kleineres Stück dieses Kuchens ausmachen, so wird ihr Einsatz im Rahmen der logistischen Leistungserstellung in den kommenden Jahren nicht mehr wegzudenken sein.

Market Segment	Product, Services, Solutions	Markt 2014 (global)
Analytics Services & Data Products	Connected Building / Smart Home Industrial Internet / Industry 4.0 Smart Grid / Smart Energy Connected Car Healthcare / Consumer Lifestyle Multi-Channel Retail / Hospitality Public Safety / Security	63,38 Mrd. €
Big Data IT Infrastructure	Consulting & Integration Services Software IT Hardware & Infrastructure	7,55 Mrd. €
Internet of Things	Networks / Connectivity Sensors / Endpoints	2,56 Mrd. €

Die Welt der Daten – Marktvolumen »Datability« weltweit (in Mio. EUR)	2011	2012	2013	2014	2015	2016	CAGR
Sensors & Networks (Internet of Things)	990	1.330	1.830	2.560	3.635	5.020	38,4 %
IT Infrastructure, Software & Services (Big Data)	3.158	4.055	5.462	7.554	10.205	13.542	33,8 %
Analytics Services & Data Products (Data Economy)	19.538	27.742	40.924	63.378	95.349	142.046	48,7 %
Gesamtvolumen »Datability«	23.686	33.127	48.216	73.492	109.190	160.609	46 %

Abb. 2.3 Entwicklung des Marktvolumens der Data Economy weltweit. (Quelle: BIT-KOM 2015, S. 117–118)

2.5　Abgrenzung und Überschneidungen zu Industrie 4.0

Abschließend zu Kap. 2 und als Grundlage für die Auswahl der Anwendungsbeispiele in den Kap. 4 und 5 soll das Feld der Logistik 4.0 vom ursprünglichen und breiteren Begriff Industrie 4.0 abgegrenzt werden. Industrie 4.0 als vierte industrielle Revolution soll das produzierende Gewerbe in die Lage versetzen auf folgende marktseitig getriebene Trends erfolgreiche Antworten zu finden (vgl. Roth 2016, S. 5):

- Zunehmende Individualisierung der Produkte jenseits von festen Standardvarianten
- Die damit verknüpfte Flexibilisierung der Produktion, sodass auch kleine Losgrößen (bis zur Losgröße 1) effizient herzustellen sind
- Stärkere Interaktion mit dem Kunden im Zuge der Individualisierung erfordert seine informationstechnische Integration in den Wertschöpfungsprozess
- Verknüpfung von i. d. R. datengetriebenen Dienstleistungen, die auf den auch remote zur Verfügung stehenden Informationen der vernetzten Produktionssysteme aufbauen.

Anwendungen von Industrie 4.0, die einen ausschließlichen Bezug zur Fertigungstechnologie selbst haben und ohne besondere Relevanz für das sie umgebende logistische System sind, werden in der weiteren Diskussion von Logistik 4.0 in diesem Buch nicht thematisiert (Abb. 2.4 rechte Seite). Dazu gehört zum Beispiel die Fernwartung von Maschinen, die über das Internet mit der Herstellerfirma verbunden sind. Diese kann auf Basis der übermittelten Leistungskennzahlen die Einstellung der Anlagen remote optimieren oder präventive Wartungsintervalle bedarfsgerechter

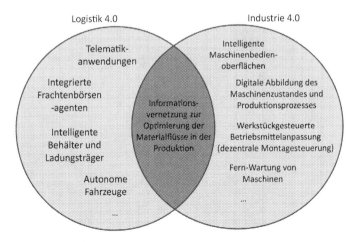

Abb. 2.4 Anwendungen in Industrie 4.0 und Logistik 4.0

planen.[5] Weitere Anwendungen im Umfeld des Maschinen- und Anlagenbaus werden u. a. in Roth (2016) beschrieben, so z. B. die Aufrüstung eines bestehenden Anlagenparks mit 4.0-Technologien (Regtmeier und Kaufmann 2016, S. 163) oder die Realisierung der Losgröße 1 in der industriellen Beschriftung von PET-Flaschen (Magerstedt 2016, S. 154).

Hingegen werden Einsatzbereiche von Industrie 4.0-Konzepten im Bereich der Produktionslogistik, als klassische Schnittstelle zwischen Produktion und Logistik im Kap. 5 aufgegriffen. Ein besonderes Augenmerk wird auf die Anwendung der 4.0-Idee im Bereich des externen Transportes gelegt (Kap. 4). Eine Domäne, die zwar integraler Bestandteil der Wertschöpfungskette ist, in den bisherigen Darstellungen zu Industrie 4.0 allerdings wenig bis überhaupt nicht behandelt wurde.

---

[5]Das Bundesamt für Sicherheit in der Informationstechnik weist in diesem Zusammenhang im Übrigen auf bestehende Risiken beim Zugriff auf Anlagen(-parameter) über öffentliche Netze hin. https://www.allianz-fuer-cybersicherheit.de/ACS/DE/_/downloads/BSI-CS_108. pdf?__blob=publicationFile&v=3, Abruf: 16.5.2016.

Technologische Voraussetzungen für Logistik 4.0

Einige Basistechnologien, die für die Umsetzung des Internets der Dinge und der darauf aufbauenden Dienste notwendig sind, existieren bereits seit längerer Zeit, allerdings vielfach nicht zu Preisen, in einer Zuverlässigkeit und Variantenvielfalt, die für den industriellen Einsatz Voraussetzung sind. Andererseits benötigen diese Technologien gerade die massenhafte Verbreitung um preislich attraktiver zu werden und um durch die Anforderungen der Systeme, in die sie produktiv eingebettet werden, einen neuen technischen Differenzierungs- sowie Entwicklungsschub zu erhalten.

Dieses Dilemma führt oft zu langen Inkubationszeiten neuer Technologien bzw. zu einem vorläufigen Einbruch von Aktivitäten und Investitionen rund um einen neuen Trend. Die Unternehmensberatung Gartner hat dies in ihrem Konzept des „Hype Cycle" beschrieben (Abb. 3.1).

Nach dieser Einschätzung stehen einige Technologien, die auch für die Logistik 4.0-Anwendungen relevant sind (wie beispielsweise das Internet of Things oder Autonome Fahrzeuge), noch vor ihrem Gang durch das „Tal der Desillusionierung". Andere wie das Cloud-Computing, RFID-Tags oder ortsabhängige Dienste haben den Hype Cycle im Laufe der letzten zehn bis 15 Jahre durchlaufen und befinden sich damit bereits in der produktiven Phase [vgl. hierzu die Hype Cycles aus den Jahren 2005 und 2010 in Hülsbömer (2015)].

Auch wenn in den folgenden Abschnitten in sequenzieller Form auf die wesentlichen Basistechnologien für Logistik 4.0-Anwendungen eingegangen wird, soll dies nicht dazu verleiten diese als nebeneinander stehend zu begreifen. Ihre zeitlich parallel verlaufende, inhaltlich aber eng miteinander verknüpfte Entwicklung trägt ganz entscheidend zu der Dynamik bei, mit der sich die einzelnen Technologien in ihrem Entwicklungszyklus in Richtung eines produktiven Einsatzes bewegen.

© Springer Fachmedien Wiesbaden GmbH 2017
T. Bousonville, *Logistik 4.0*, essentials,
DOI 10.1007/978-3-658-13013-8_3

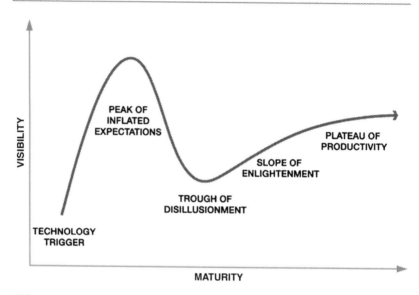

Abb. 3.1 Hype Cycle for Emerging Technologies 2015. (Quelle: Gartner 2015)

3.1   Identifikation und Ortung

Die Grundvoraussetzung um ein physisches Objekt und seine aktuellen Zustände (z. B. Ort) mit seinem virtuellen Abbild zu verknüpfen, ist die eindeutige Identifikation eines solchen Objektes. Erst wenn eine Sendung eindeutig identifiziert und einem Auftrag zuordnet werden kann, ist es möglich sie nachzuverfolgen. Dass die eindeutige Kennzeichnung von logistischen Objekten auch heute noch nicht in allen Bereichen eine Selbstverständlichkeit ist, wird z. B. immer wieder schmerzlich beim Management von Leergut und Ladungsträgern deutlich: Wie schwierig bleibt es hier aufgrund i. d. R. fehlender individueller Identifikation den Überblick über exakte Bestände zu gewährleisten. Weiterhin ist die Identifikation unverzichtbar, wenn Objekte in der Lage sein sollen, an einem Datenaustausch teilzunehmen. Damit die Informationen zwischen Sender und Empfänger überhaupt ausgetauscht werden können, muss der Empfänger eindeutig adressiert (und letztlich auch lokalisiert) werden.

Für die eindeutige Kennzeichnung eines Objektes durch eine Nummern- oder Zeichenfolge haben sich verschiedene Identifikationssysteme und -standards etabliert. Global weit verbreitet sind z. B. die Standards der privatwirtschaftlich organisierten GS1-Organisation mit Hauptsitzen in Brüssel und New Jersey

(USA) sowie nationalen Landesgesellschaften in über 100 Ländern. Innerhalb der GS1-Standardfamilie existieren Festlegungen für die eindeutige Darstellung eines Standortes/Unternehmens (GLN – Global Location Number), eines Produkttyps bzw. Artikels (GTIN – Global Trade Identification Number) sowie für ein konkretes Exemplar eines Artikels (SGTIN – Serialized Global Trade Identification Number). Durch diese Standards werden die semantische Bedeutung der einzelnen Zeichen einer Ziffern- bzw. Buchstabenreihenfolge festgelegt (GS1 Germany und Institut der deutschen Wirtschaft Köln Consult 2011, S. 10).

Während die GTIN bestimmt, dass es sich bei dem Artikel beispielsweise um ein 450 g-Glas Nutella handelt, erlaubt die SGTIN die Identifikation jedes einzelnen produzierten und verkauften Glases. Dies geschieht durch das Anfügen einer Seriennummer. Für Anwendungsfälle im Kontext des Internets der Dinge und von Logistik 4.0 ist die Identifikation des konkreten Objektes und nicht nur des Objekttyps entscheidend. Während das Bedürfnis einzelne Objekte automatisch zu identifizieren in vielen Bereichen noch recht jung ist, wird bereits seit vielen Jahren der ebenfalls von GS1 festgelegte SSCC (Serial Shipping Container Code)[1] für die Identifikation einzelner Sendungen und logistischer Einheiten mit dem Ziel der Nachverfolgbarkeit in der Transportkette verwendet.

Neben den Standards von GS1, die den Konsumgüterbereich dominieren und von dort zunehmend in andere Bereiche vordringen, gibt es weitere globale, jedoch auf bestimmte Branchen spezialisierte Standards, um die oben beschriebenen Funktionen abzubilden. So sind in der Automobilindustrie die ODETTE-Standards weit verbreitet und lösen im Zuge der Globalisierung zunehmend nationale Standards ab. Grundsätzlich können sich Organisationen als sogenannte Issuing Agency beim weltweit dafür zuständigen Niederländischen Institut für Normung registrieren lassen und anschließend ihre eigenen Standards definieren. Dabei ist zu beachten, dass verschiedene nebeneinander existierende Systeme dem Ziel der effizienten und universellen Zusammenarbeit entgegenlaufen, sodass neue Standards eher in proprietären, geschlossenen Transport- und Kommunikationskreisläufen sinnvoll erscheinen.

Die inhaltlich normierten Datenstrukturen (wie GTIN, SGTIN etc.) können je nach Anforderung der Anwendung in der sie verwendet werden, auf verschiedene Art und Weise dargestellt, d. h. codiert werden. Klassisch wird hierzu der eindimensionale Strichcode (Barcode) verwendet. Die gleiche Information kann aber ebenfalls als zweidimensionaler DataMatrix-Code oder binär auf einem RFID-Transponder darge-

---

[1]Zu Deutsch: NVE – Nummer der Versandeinheit.

Abb. 3.2 Codierungsmöglichkeiten einer GTIN mit Seriennummer. (Quelle: GS1 Germany 2012, S. 8)

stellt werden. Während DataMatrix-Codes ebenfalls mit optischen Scannern ausgelesen werden können, ist für das Auslesen und Weiterverarbeiten von Informationen auf Transpondern ein höherer Technologie-Einsatz in Form von RFID-Lesegeräten und weiterverarbeitender Middleware erforderlich.[2] Die verschiedenen Codierungen werden bespielhaft in Abb. 3.2 für die GS1 SGTIN illustriert.

Eine der häufigsten Anwendungen der Auto-Identifikation ist die Nachverfolgung eines Objektes. Dabei kann die Identifikation an festen Punkten (Scan im Wareneingang oder an einem RFID-Gate) erfolgen und so ein diskretes Bild von der Bewegung des Objektes ergeben. Befindet sich ein Objekt zwischen diesen Identifikationspunkten, so kann über seinen Ort nichts Sicheres gesagt werden. Kommt es nicht am erwarteten nächsten Punkt an, ist eine automatische Lokalisierung nicht möglich.

---

[2]Für eine Gegenüberstellung der Vor- und Nachteile von Barcodes und RFID siehe Hausladen (2016, S. 63).

Anders verhält es sich bei Objekten, die ihren Ort selbst bestimmen und kommunizieren können. Außerhalb geschlossener Räume geschieht dies üblicherweise mit Hilfe von Satellitennavigationssystemen, wie dem amerikanischen Global Positioning System (GPS)[3], seinem russischen Pendant GLONASS oder dem im Aufbau befindlichen europäischen System Galileo. Die weitgehende Freigabe des amerikanischen Systems für die zivile Nutzung im Jahr 2000 hat im darauffolgenden Jahrzehnt zur Entwicklung einer Vielzahl von Telematikanwendungen beigetragen (vgl. auch Abschn. 4.1) und damit eine bedeutende Basisinfrastruktur für Logistik 4.0 geschaffen. In Kombination mit der sich parallel entwickelnden mobilen Datenkommunikation war es nun beispielsweise möglich, die Position von Fahrzeugen, die mit einem GPS-Empfänger und einer mobilen Kommunikationseinheit ausgestattet waren, in Echtzeit an die zentrale Disposition weiterzugeben. Einer kontinuierlichen Verfolgung des Fahrzeugs standen in der Anfangszeit noch recht hohe Kommunikationskosten entgegen, die jedoch inzwischen aufgrund europaweiter Flatrates keine wirkliche Einschränkung mehr für kurze Übermittlungsintervalle der Daten darstellen.

Durch die Verknüpfung eines Auftrags und der zugehörigen, eindeutig identifizierten Sendungseinheiten mit einem Transportfahrzeug kann auf diese Weise praktisch jederzeit die genaue Position einer Lieferung ermittelt werden – ein großer Vorteil und Treiber für die Umsetzung von Just-in-time-Strategien oder auch für die Avisierung von häuslichen Lieferungen im zunehmenden E-Commerce. Die immer präziseren Ortungsmöglichkeiten in Kombination mit der ständigen Verbesserung digitaler Karten beflügelt auch ein weiteres vielversprechendes Technik- und Geschäftsmodell im digitalen Zeitalter: das automatisierte Fahren (siehe Abschn. 4.3).

3.2 Sensorik und eingebettete Systeme

Um Anwendungen im Logistik 4.0-Umfeld umsetzen zu können, interessieren nicht nur die Position des Objektes, Auftrags bzw. Fahrzeugs, sondern auch andere Zustände wie Temperatur, Druck, Füllstand oder Energieverbrauch. Im Zuge der Digitalisierung werden sukzessive analoge Messlösungen durch digitale Technik ersetzt oder es wird überhaupt erstmalig eine autonome Messung, d. h. eine Messung durch das Objekt selbst, ermöglicht.

---

[3]Im zivilen Einsatz Genauigkeit von etwa 10 m, durch das Einbeziehen weiterer Informationen (Differential GPS) wird eine Genauigkeit im Zentimeterbereich erreicht.

Das Beispiel eines Lkw-Trailers zeigt dies eindrucksvoll (Schöpker 2015, S. 59): Im System TrailerConnect der Firma Cargobull Telematics erfolgt die Aufzeichnung der Innenraumtemperatur des Trailers digital über ein elektronisches Temperaturinterface anstatt wie traditionell über einen Temperaturschreiber mitsamt Papierausdruck. Ein weiterer Sensor überwacht den Füllstand des Kühlgerätetanks und meldet diesen, sodass unangenehmen Überraschungen wie dem Ausfall der Kühlung aktiv vorgebeugt werden kann. Andere Sensoren melden das Öffnen und Schließen der Tür zum Laderaum über einen Kontaktschalter. Reifendrucksensoren messen kontinuierlich den Reifendruck und weisen auf einen Zustand hin, der zu einem unnötig hohen Verbrauch führt. Für den autarken Betrieb der elektronischen Komponenten steht ein Akku zur Verfügung dessen Wiederaufladung ebenfalls durch einen Sensor gesteuert wird. Die Informationen dieser Sensoren werden in einem Steuergerät zentral verarbeitet und zwischengespeichert. Zur effizienten Verkabelung haben sich Standard-Bussysteme etabliert (CAN und LIN Bus), die die Sensoren mit Controllern und dem zentralen Steuergerät verbinden.

Aber nicht nur in der Transportlogistik hält die digitale Technik verstärkt Einzug. Für das C-Teile-Management hat die Firma Würth den intelligenten Behälter iBin entwickelt (Hoffmann 2014, S. 211; vgl. Abb. 3.3). Eine im Behälter angebrachte Infrarot-Kamera ermittelt automatisch den Bestand eines KLTs. Da nicht

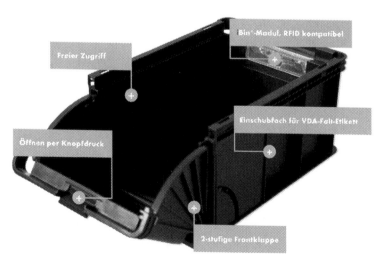

Abb. 3.3 Eigenschaften des iBin. (Quelle: Würth Industrie Service GmbH)

jeder KLT verkabelt werden kann, wird hier anders als bei den Sensoren im Trailer auf eine lokale Funklösung zurückgegriffen: Ein in die Kamera integriertes Wireless-Modul meldet den erfassten Inhalt in festgelegten Abständen an einen AccessPoint, der die Meldungen der verschiedenen iBins konsolidiert und an eine Anwendungssoftware, die auf einem angeschlossenen Server läuft, weitergibt. Auf die Anforderungen und Potenziale, die sich daraus für das C-Teile-Management ergeben geht Abschn. 5.1 näher ein.

Ein weiteres Beispiel für den verstärkten Einsatz von Sensoren in der Logistik kommt aus einem SmartCity-Projekt: Im Auftrag eines Entsorgungsdienstleisters liefert der Automatisierungsspezialist Pepperl + Fuchs spezielle Ultraschall-Sensoren, die den Füllstand von Abfallcontainern erfassen und über ein Modem sowie ein GSM-Modul im 20-Minutentakt an eine Cloud senden, von wo aus sie an ein Programm zur dynamischen Tourenplanung weitergeleitet werden. Durch die eigene Stromversorgung soll das System eine Einsatzdauer von 5 bis 10 Jahren haben.

3.3 Datenübertragungs- und Datenverarbeitungstechnologien

Wie im vorangegangenen Kapitel bereits deutlich geworden ist, erhalten die Daten, die durch die Sensoren gewonnen werden, erst im übergeordneten Kontext und in Verknüpfung mit weiteren Informationen ihre – auch ökonomische – Bedeutung. Da die Informationen über logistische Objekte oft mobil anfallen, besteht die Notwendigkeit einer leistungsfähigen und gleichzeitig kostengünstigen Datenfunkverbindung.

Aus Abb. 3.4 ist ersichtlich, wie sich in einem Zeitraum von zwanzig Jahren die maximale mobile Datenübertragungsrate von 0,2 MBit pro Sekunde um den Faktor 5000 auf 1 GBit pro Sekunde erhöht hat. Ein Ende dieser Entwicklung ist nicht abzusehen, denn aktuell wird bereits die nächste Generation (5G) des Mobilfunks entwickelt, in Deutschland z. B. am 5G Lab Germany der TU Dresden. Mit der Markteinführung rechnen die Netzwerkausrüster ab dem Jahr 2020. Dann sollen Übertragungsraten von bis zu 10 GBit/s möglich sein (lte-anbieter 2016). Neben der Geschwindigkeit wird der neue Standard auch eine höhere Kapazität mit sich bringen, was aufgrund des ansteigenden Datenübertragungs- und Datenaustauschvolumens, insbesondere bedingt durch die Kommunikation von Objekten – und nicht Menschen – untereinander notwendig sein wird.

Letztlich müssen die erhobenen und übertragenen Daten gespeichert und aus einer größeren Datenmenge effizient abgerufen werden können. Auch bzgl. der

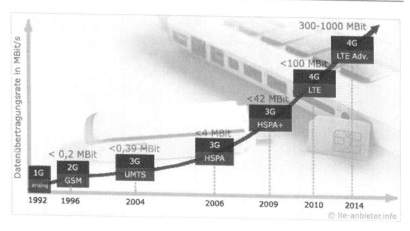

Abb. 3.4 Entwicklung der Übertragungsraten der sukzessiven Mobilfunkstandards. (Quelle: lte-anbieter.info)

Datenspeicherung sowie der Datenverarbeitungsgeschwindigkeit (gemessen bspw. in CPU-Leistung) finden kontinuierlich Leistungsverbesserungen statt. Gerne wird zur Illustration das sogenannte Moore'sche Gesetz herangezogen, das auf Basis empirischer Daten besagt, dass sich die Performanz von Computern im Schnitt alle ein bis zwei Jahre verdoppelt.[4] Heute ist es zum Synonym für exponentielle Leistungsfortschritte in der IT bei konstanten oder gar fallenden Preisen geworden.

Sinkende Speicherpreise und die gestiegenen Anforderungen an die Verarbeitung von großen Datenmengen in kurzer Zeit haben seit ca. Mitte der 2000er Jahre zur Entwicklung und Verbreitung von InMemory-Datenbanken beigetragen (BITKOM 2013, S. 127). Die Daten werden in dieser Technologie nicht mehr wie üblich auf einer Festplatte mit relativ langsamen Zugriffzeiten abgespeichert, sondern im Hauptspeicher. Ist also der schnelle Zugriff auf eine große Menge von Daten entscheidend, so bietet sich diese Technologie an. So setzt beispielsweise die Vaillant Group die In-Memory Lösung HANA von SAP ein, um u. a. die Planungsprozesse in der Supply Chain und das Reporting zu beschleunigen (BITKOM 2012, S. 74).

---

[4]Ursprünglich hatte sich Gordon Moore auf die exponentiell wachsende Anzahl der Elemente pro integrierten Schaltkreis bezogen (Moore 1965).

Die Leistungssteigerungen in der Computer-Hardware und Netzwerktechnologie stellen neben der Standardisierung durch das Internet einen wichtigen Baustein dar, der zur Verbreitung des Cloud Computing beigetragen hat, wovon das nächste Kapitel handelt.

3.4 Internet und Cloud-Computing

Bereits im Kap. 1 wurde die zentrale Rolle von Daten und deren „Handelbarkeit" für die Geschäftsmodelle der Logistik 4.0 thematisiert. Damit Daten zwischen unterschiedlichen Systemen ausgetauscht werden können, müssen – ebenso wie in der Identifikation – Standards für die Kommunikation gelten. Durch die Verbreitung des Internets im Laufe der 90er Jahre und der ihm zugrunde liegenden Protokolle stand ein weltweit verbreiteter Standard zur eindeutigen Adressierung und Vernetzung von Computern zur Verfügung.

Neben seiner Funktion als reine Informationsquelle und Nachschlagewerk (Gelbe Seiten, Wikipedia, etc.) kann das Internet einerseits genutzt werden, um Geschäftspartner zu finden und mit ihnen Transaktionen abzuwickeln (Marktplatz/Plattform-Gedanke, z. B. Amazon oder elektronische Frachtenbörsen, siehe Abschn. 4.2), andererseits auch, um umfangreiche IT-Dienstleistungen im und über das Netz zu beziehen (Cloud-Computing).

Je nach Tiefe der in der Cloud abgerufenen Dienstleistung wird zwischen Infrastructure as a Service (IaaS), Platform as a Service (PaaS) und Software as a Service (Saas) unterschieden. In den ersten beiden Szenarien wird lediglich eine skalierbare Hardware (IaaS), ggf. ergänzt um Betriebssysteme und Entwicklungsumgebungen (PaaS) angeboten. Sie richten sich damit im Wesentlichen an Softwareentwickler. Die dritte Form, das SaaS, richtet sich an Endanwender, da vollwertige Anwendungen über das Netz genutzt werden, d. h. lediglich ein Internetanschluss und ein gängiger Browser vorhanden sein müssen. Facebook ist damit eine klassische und auch eine der frühen SaaS-Anwendungen (seit 2004). Inzwischen sind ganze ERP-Systeme als SaaS-Lösungen verfügbar (z. B. das freie Odoo). Als Vorteile von SaaS-Lösungen werden in der Regel die Skalierbarkeit durch Pooling der Ressourcen in der Cloud, nutzungsbezogene Abrechnung sowie die problemlose Wartung durch automatische Updates genannt.

Illustrieren lässt sich der Nutzen cloud-basierter Lösungen in der Logistik am Beispiel der Plattform AX4 der AXIT GmbH zur Abwicklung von beschaffungslogistischen Prozessen (Heistermann und Wendt 2016, S. 20). Ein Handels- oder Industrieunternehmen ist oft mit sehr heterogenen Anforderungen in der Kommunikation mit seinen Lieferanten und beauftragten Spediteuren konfrontiert (Fax,

Email etc.). Plattformen wie AX4 ermöglichen die Vereinheitlichung der Kommunikation und die größtmögliche Transparenz im Prozess, da alle relevanten Informationen für die Teilnehmer in einer Could-Lösung einsehbar sind – ohne Installation spezieller Software. Ferner können über das System einheitliche Etiketten gedruckt, Statusmeldungen verschickt, Sendungen verfolgt oder auch proaktiv auf Verspätungen hingewiesen werden. Neben der Web-Benutzerschnittstelle können die Daten automatisiert zwischen den Systemen der Anwender und der Plattform ausgetauscht werden.

Besondere Bedeutung hat das Internet auch als Plattform für elektronische Marktplätze. Die großen Vorteile liegen in der Schaffung von Transparenz durch dramatisch gesunkene Kosten für die Suche und den Vergleich von Anbietern. Zusätzlich bieten Marktplätze im Internet Dienste wie die elektronische Abwicklung der Zahlung an, sodass die komplette Transaktion virtuell durchgeführt werden kann. Ein erfolgskritischer Aspekt ist die Erzielung von Netzwerkeffekten, d. h. das Erreichen einer kritischen Masse von Nutzern (Anbietern und Nachfragern), mit dem Effekt, dass eine Tendenz zur Monopolbildung gegeben ist (vgl. Google, Amazon, Uber).

Ein Beispiel für eine Plattform auf der logistik- bzw. verkehrsbezogene Daten gehandelt werden, ist der Mobilitätsdatenmarktplatz (MDM)[5] der Bundesanstalt für Straßenwesen. Der MDM soll Anbieter und Nutzer von verkehrsrelevanten Daten zusammen bringen. So bietet beispielsweise die MTS-K (Markttransparenzstelle für Kraftstoffpreise) auf dem MDM die aktuellen Kraftstoffpreise an deutschen Tankstellen an. Alle Tankstellen ab einer bestimmten Größe müssen ihre Preisänderungen an die MTS-K melden, die diese im MDM für registrierte Nutzer (z. B. Tankapps) zur freien Verwendung zur Verfügung stellt (siehe auch Abschn. 4.1).

Wie an den beiden Beispielen zu sehen ist, stellen die Protokolle des Internet und des darauf aufbauenden World Wide Web den komplexen Anwendungen mit ihren teils sehr heterogenen Umgebungen eine gemeinsame Sprache zur Verfügung, die die Interoperabilität der verschiedenen Systeme und Akteure ermöglicht. Es kann damit als Rückgrat und vielleicht wichtigste Voraussetzung von Logistik 4.0 verstanden werden.

---

[5]www.mdm-portal.de, Abruf: 02.08.2016.

3.5   Big Data und Datenanalyse

Eines der meistgebrauchten Schlagworte im Rahmen der Digitalisierung ist der Begriff „Big Data". Unter diesem Begriff werden nicht nur die immerfort anwachsenden Datenberge selbst bezeichnet (vgl. Abb. 3.5), sondern auch die Möglichkeit durch die Integration verschiedener Datenquellen und deren Analyse Zusammenhänge aufzudecken, Phänomene zu erklären oder Prognosen durchzuführen.

Das Marktforschungsinstitut IDC geht in einer Studie davon aus, dass im Jahr 2020 44 Zettabyte Daten jährlich erzeugt und kopiert werden (IDC 2012, Abb. 3.5). Auch wenn solche Zahlen mit Vorsicht zu behandeln sind, ist dennoch vorhersehbar, dass die Digitalisierung nicht nur der industriellen Wertschöpfungskette, sondern auch in so weitreichenden Bereichen wie Gesundheit und Sicherheit zu einem exponentiellen Datenwachstum führen wird.

Nach Auffassung des BITKOM sind neben der Größe der Datenmenge (Volume) auch die Vielfalt (Variety), die Geschwindigkeit (Velocity), mit der Daten erzeugt und weiterverarbeitet werden, sowie als viertes Kriterium die Analyse der Daten Kriterien, die zur Abgrenzung eines Big-Data-„Szenarios" herangezogen werden können (BITKOM 2012, S. 19, vgl. Abb. 3.6). IBM spricht von den 4 Vs: Volume, Variety, Velocity und Veracity. Veracity steht dabei für die Ver-

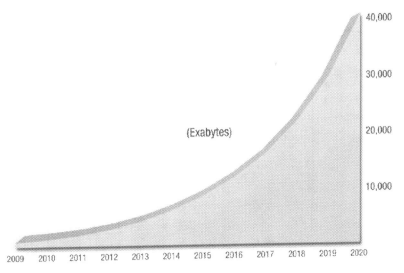

Abb. 3.5 Schätzung des digital erzeugten und verarbeiteten Datenvolumens. (Quelle: IDC 2012)

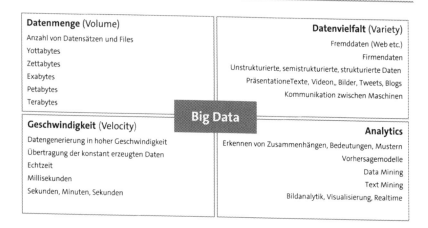

Abb. 3.6 Kriterien zur Abgrenzung von Big-Data-Anwendungen. (Quelle: BITKOM 2012)

trauenswürdigkeit und Qualität der Daten. In der jüngsten Zeit wird „Value" als fünftes V hinzugenommen, um das Ziel der Wertschöpfung, die mit der Analyse der Daten verbunden ist, herauszustellen (Yin und Kaynak 2015).

Als eine Big-Data-Anwendung aus der Verkehrslogistik kann die Berechnung von Verkehrsflussinformationen in Echtzeit wie sie von Google, TomTom oder INRIX angeboten wird, herangezogen werden. Sie erfüllt in hohem Maße die oben aufgestellten Kriterien an eine Big Data Anwendung. Für den Dienst von TomTom wurden 2012 die Positions- und weitere Daten von mehr als 175.000 Fahrzeugen, die mit dem TomTom Telematiksystem Webfleet ausgestattet waren, im Minutentakt ausgewertet (BITKOM 2012, S. 77). Hinzu kommen noch Standortmeldungen von Mobiltelefonen, die TomTom über eine Partnerschaft mit Vodafone auswertet. Möglicherweise werden noch weitere Quellen wie TMC verwendet, sodass auch das Kriterium der Heterogenität der Datenquellen erfüllt ist.

Anwendungsfälle im Transport 4

Während unter dem Schlagwort „Industrie 4.0" viele Publikationen zu finden sind und diese oft auch Problemstellungen aus dem Bereich der produktionsnahen Logistik zum Inhalt haben, mangelt es an systematischen Darstellungen der Anwendung der 4.0-Ideen auf den externen Transport. Dieses Kapitel skizziert aktuelle und mögliche Entwicklungen im Bereich der Telematik für Nutzfahrzeuge (Abschn. 4.1), der elektronischen Frachtenbörsen (Abschn. 4.2) und dem automatisierten Fahren (Abschn. 4.3).

Die Betrachtung des Themas „automatisiertes Fahren" fokussiert dabei auf einige grundsätzliche Fragestellungen für den Einsatz in herkömmlichen PKW und LKW. Dass das Anwendungsfeld dieser Technologie nicht darauf beschränkt bleiben wird, zeigen erste Pilottests von Hermes mit Lieferrobotern der Firma „Starship" in Hamburg (Abb. 4.1). Die Roboter haben die Aufgabe, Pakete, die für Kunden in einem Paketshop zur Abholung hinterlegt sind, auf dessen per App übermittelten Wunsch vom Paketshop zu ihm nach Hause zu bringen[1]. Mehrere Paketzusteller wie Amazon und DHL testen bereits seit längerem Waren durch Drohnen liefern zu lassen. Interessante Einsatzbereiche hierfür sind dünn besiedelte Gebiete bzw. die Durchführung von Eillieferungen.

Aber beginnen wir zunächst mit bereits im operativen Betrieb realisierten Lösungen der Transportlogistik 4.0: den modernen Telematiksystemen, die in den letzten Jahren ständig erweitert und verbessert wurden und inzwischen einen fortgeschrittenen Reifegrad erreicht haben.

---

[1]https://newsroom.hermesworld.com/zustellung-per-roboter-pilottest-von-hermes-und-starship-in-hamburg-10109/, Abruf: 31.08.2016.

© Springer Fachmedien Wiesbaden GmbH 2017
T. Bousonville, *Logistik 4.0*, essentials,
DOI 10.1007/978-3-658-13013-8_4

Abb. 4.1 Beladung eines Starship-Roboters. (Quelle: https://newsroom.hermesworld.com, Foto: Daniel Reinhard und Hermes)

4.1   Mehrwerte durch moderne Telematiklösungen

Fernverkehrs-LKW werden heute in der Regel bereits ab Werk mit mächtigen Telematikkomponenten ausgestattet. Neben der Position des Fahrzeugs werden vielfältige technische Daten (Verbrauch, Geschwindigkeit, Achsengewicht, Tankfüllstand, etc.) erhoben und aufgezeichnet. Zusätzliche Sensoren und Anschlüsse erlauben darüber hinaus den Zugriff auf Daten des Trailers oder des digitalen Tachografen, der die Lenk- und Ruhezeiten des Fahrers aufzeichnet (vgl. Abb. 4.2).

Diese in kurzen Intervallen zeitnah an die Server der Telematikbetreiber übermittelten Daten können anschließend von Disposition und Fuhrparkleitung für eine Vielzahl von Anwendungsfällen verwendet werden:

- Flottenmanagement: Die Geolokalisierung und Visualisierung der Fahrzeuge in der digitalen Karte erlauben eine verbesserte Planung und Steuerung der Flotte
- Fahrzeugmanagement: Technische Fahrzeugdaten wie der Zustand der Reifen, der Kraftstoffverbrauch, die Kilometerzahl und der Bremsenzustand ermöglichen optimierte Wartungsintervalle und minimieren Ausfallzeiten
- Fahrermanagement: Basierend auf der Anzahl der Brems-, Beschleunigungsoder Kupplungsvorgänge, dem Kraftstoffverbrauch und weiteren Daten erstellen manche Systeme eine Bewertung der Fahrweise der einzelnen Fahrer und machen Vorschläge für Fahrerschulungen

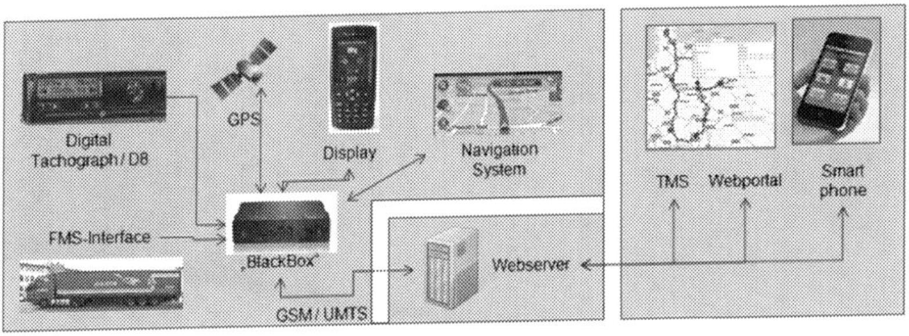

Abb. 4.2   Telematik-Komponenten. (Eigene Darstellung)

- Ladungsmanagement: Bei temperaturgeführten Gütern ist es wichtig die Temperaturen im LKW bzw. Trailer zu überwachen, sodass die Ware nicht beschädigt wird. Durch die Transparenz in Echtzeit kann auf das Überschreiten von Grenzwerten zeitnah reagiert werden.

Die genannten und weitere Anwendungsmöglichkeiten versetzen die Speditionen auf vielfältige Art und Weise in die Lage, flexibler auf Kundenanforderungen zu reagieren, Kosten (Betriebs- und Prozesskosten) zu sparen, die Qualität der Dienstleistung (Pünktlichkeit, Zustand der Ware u. a.) zu steigern und dadurch die Wettbewerbsposition insgesamt deutlich zu verbessern. Je nach Einsatzprofil und Dieselpreis ergeben verschiedene Studien Amortisationszeiten für Telematiksysteme von 12 bis 18 Monaten (Wittenbrink 2014, S. 174).

Neben den Telematiklösungen der OEM gibt es eine Reihe von Drittanbietern, die die seit 2002 standardisierte FMS-Schnittstelle nutzen, um technische Daten des LKW aus dem Bus-System auszulesen. Dadurch können auch Mehrmarkenfuhrparks mit einer einheitlichen Telematik ausgestattet werden und der Endanwender kann die verschiedenen Dienste in einem Portal nutzen und muss nicht zwischen den Benutzerschnittstellen unterschiedlicher Anbieter wechseln.

Trotzdem bleibt die Integration verschiedener Telematiksysteme von hoher Relevanz, z. B. um die Fahrzeugpositionen von Unterauftragnehmern zur Auftragsverfolgung auszuwerten oder auf die Temperatur in deren Trailer zugreifen zu können. Für diese Anforderungen hat sich eine neue Kategorie von – cloudbasierten – Softwarelösungen entwickelt: Telematikintegrationsportale (Voigt 2016, S. 38). Diese Lösungen bieten keine eigene Hardware an, sondern greifen auf die Webschnittstellen der Telematikanbieter zu, wandeln deren proprietäres Format in einen eigenen Standard um und stellen die Informationen der

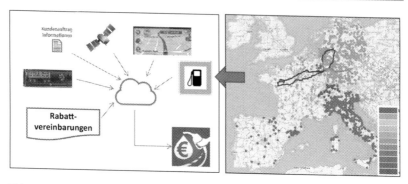

Abb. 4.3 Integration unterschiedlicher Datenquellen und Ableitung einer Tankstrategie. (Quelle: Qivalon GmbH)

verschiedenen Systeme dann über ein einheitliches API oder Portal zur Verfügung. Sie sind damit ein gutes Beispiel für ein rein datenbasiertes Geschäftsmodell und die Schaffung von Mehrwert allein durch die Transformation von Daten und deren Bereitstellung für weitere Anwendungen (vgl. Abb. 2.2).

Trotz des enormen Leistungsumfangs moderner Telematikportale besteht ein aktueller Trend darin, die Daten, die die Telematiksysteme liefern, in Drittsysteme, z. B. TMS, direkt zu integrieren und dort weiterzuverarbeiten oder zu visualisieren. Das hat zwei Gründe: Zum einen reduziert es die Anzahl der im Unternehmen genutzten Endbenutzerschnittstellen, zum anderen eröffnet die Integration in weitere datenführende Systeme die Möglichkeit, neue Zusammenhänge zu analysieren und daraus Nutzen zu generieren.

Wie viel Potenzial in der Verknüpfung der Telematikdaten mit anderen Daten aus dem Unternehmen bzw. aus externen Datenquellen liegt, demonstriert z. B. eine Lösung zur automatischen Tankplanung der Firma Qivalon[2], die sich auf Lösungen rund um das Kraftstoffmanagement in Speditionen spezialisiert hat. Position, Route und Tankfüllstand aus dem Fahrzeug werden mit externen Daten von Tankkartenbetreibern verknüpft. Ziel ist es dabei die unterschiedlichen Tankpreise in verschiedenen Ländern und von konkurrierenden Tankstellenbetreibern auszunutzen, um Unternehmen bei der Entwicklung und Umsetzung einer optimalen Tankstrategie zu unterstützen (Abb. 4.3). Die so erhobenen detaillierten Verbrauchsdaten und die durchgeführten statistischen Auswertungen bedienen

---

[2]www.qivalon.de, Abruf: 30.08.2016.

ganz nebenbei weitere Anwendungsfälle wie das automatische Erkennen von Dieseldiebstahl und die Dokumentation von falsch kalibrierten Verbrauchsanzeigen.

An diesem Beispiel wird deutlich, wie durch das reibungslose Zusammenspiel praktisch aller grundlegenden 4.0-Technologien – Ortung, Sensorik, mobile Datenübertragung, Cloud-Computing und Datenanalysen – neue Geschäftsmodelle geschaffen und implementiert werden können.

4.2   Integrierte Frachtenbörsen

Zu den Entscheidungen des Disponenten gehören auch Entscheidungen über den Selbsteintritt oder die Fremdvergabe von Aufträgen. Lässt sich ein Auftrag mit der eigenen Flotte nur ungünstig oder gar nicht abwickeln, wird u. a. über Online-Frachtenbörsen nach potenziellen Frachtführen gesucht, die diesen Auftrag annehmen und im Unterauftrag ausführen. Umgekehrt ist es auch üblich, dass auf Rückfahrten nach Fracht gesucht wird, um Leerfahrten zu vermeiden.

Auf der technologischen Basis des Internets hat sich ein breites Angebot an Frachtenbörsen entwickelt. Sie profitieren von den in Abschn. 3.4 dargestellten Vorteilen elektronischer Marktplätze: geringer Transaktionsaufwand und je nach Größe der Börse Zugang zu einem großen Markt an Anbietern bzw. Nachfragern.

In einem Umfeld der fortschreitenden Internationalisierung und Anbieterkonzentration versuchen sich die Frachtenbörsen mit digitalen Zusatzdiensten von der Konkurrenz abzuheben. Dazu zählen neben der Bonitätsprüfung, der Online-Bewertung der Akteure untereinander auch das automatisierte Matching von Anbietern und Nachfragern. So ist es in der Frachtenbörse von TimoCom beispielsweise möglich, die eigenen Fahrzeuge zu registrieren. Dazu müssen nur die Logindaten der Telematik eingegeben werden – ein spezieller Integrationsaufwand besteht nicht (unter der Voraussetzung die eigene Telematik wird von TimoCom unterstützt). Fortan kann die Fracht im Umkreis der aktuellen Positionen der Flotte angezeigt werden. Die lästige Suche mit händisch einzugebenden Postleitzahlengebieten entfällt.

Der nächste Entwicklungsschritt könnte der Einsatz intelligenter Softwareagenten zur Verhandlung und zum Abschluss von Verträgen sein. Ein solcher Agent erkennt selbstständig nicht optimal ausgelastete Fahrzeuge und wählt aus den angebotenen Frachten – stellvertretend für den Disponenten – auf Basis vorher festgelegter Regeln, z. B. relations- und zeitspezifischer Gewinnspannen, ein Angebot aus. Anschließend verhandelt er ohne menschliche Unterstützung über den Preis der Transaktion – ggf. mit einem Softwareagenten auf der anderen Seite. Dank Telematik können die Informationen zum akquirierten Auftrag dann auch gleich an den Fahrer auf dem zugeordneten LKW gesendet werden, der vielleicht schon autonom unterwegs ist.

Dieses Szenario mag im Vergleich zu heutigen telefonischen Vereinbarungen zwischen (menschlichen) Disponenten futuristisch anmuten, aber der Automatisierungsgrad beim Datenaustausch und beim „Brokern" der Fracht wird sicher schrittweise zunehmen. Stefan Paul, bei Kühne + Nagel für den Landverkehr zuständig, spricht in diesem Kontext in Analogie zur Personenbeförderung von der Möglichkeit einer Uber-Plattform für den Gütertransport, auf der sich Fahrzeuge registrieren, die der Verlader (oder sein Softwareagent) dann auswählen kann und die auch die komplette Abwicklung des Auftrags inklusive Leistungsbewertung unterstützt (Hassa 2016, S. 20).

Was also heute noch nach Zukunftsmusik klingt, scheint technologisch gar nicht so weit entfernt. Oft fehlt es noch an den rechtlichen Rahmenbedingungen und der Investitionsbereitschaft der Akteure in die neue Technologie. Ähnliches gilt für den autonom fahrenden LKW, der den von Agenten ausgehandelten Transportauftrag dann auch physisch durchführt.

4.3 Automatisiertes Fahren

Abgesehen von der Elektromobilität bewegt kein Thema die Transportbranche aktuell ähnlich stark wie das autonome Fahren. Seit den Berichten über das Google Concept Car, das bereits mehr als 1,5 Mio. Meilen in den USA auf öffentlichen Straßen absolviert hat[3], und dem selbstfahrenden Tesla S-Model scheint die Umsetzung dieser Vision zumindest in Teilbereichen des Straßenverkehrs nur noch eine Frage der Zeit. Wie kaum ein anderes Anwendungsszenario folgt das autonome Fahren den Prinzipien des 4.0-Zeitalters und greift auf dessen Basistechnologien zurück: Mit einer Vielzahl an Sensoren ausgerüstet, „intelligent" durch bildverarbeitende Algorithmen und Steuerungssoftware, ist es über Ortungs- und Kommunikationssysteme mit der Umwelt vernetzt, einer Umwelt, die in einem nie gekannten Detailgrad als digitales Abbild auf den Servern der einschlägigen Technologiefirmen existiert.

Im gewerblichen Transport hat Daimler Trucks 2015 erstmals einen selbstfahrenden LKW auf der A8 zwischen Denkendorf und Stuttgart auf eine öffentliche Straße geschickt, wenn auch in Begleitung eines Fahrers. Aufgrund der hohen wirtschaftlichen Bedeutung der Fahrzeugindustrie für den Standort Deutschland

---

[3]https://www.google.com/selfdrivingcar/where/, Abruf: 31.08.2016.

ist auch das Bundesministerium für Verkehr und digitale Infrastruktur bestrebt die rechtlichen Voraussetzungen zu schaffen, damit in Deutschland diese Technologie nicht nur entwickelt, sondern auch in einem breiteren Umfang getestet werden kann (BMVI 2015).

Um abzuschätzen, welche Veränderungen diese Entwicklung für die Geschäftsmodelle in der Transportlogistik bedeuten können, ist eine differenziertere Definition des Begriffs des autonomen Fahrens notwendig. Die Bundesanstalt für Straßenwesen (Gasser 2012) unterteilt die Stufen bis zum vollständig autonomen Fahren in „Driver only", Assistiert, Teilautomatisiert, Hochautomatisiert und Vollautomatisiert. Der vom BMVI ins Leben gerufene runde Tisch „Automatisiertes Fahren" fügt noch die Stufe autonomes Fahren hinzu und meint damit im Gegensatz zur vorangehenden Stufe „Vollautomatisiert" das Fahren gänzlich ohne Fahrer (BMVI 2015). Bis einschließlich zur Stufe Teilautomatisiert muss der Fahrer das Verkehrsgeschehen überwachen, erst im hochautomatisierten Szenario kann er sich in definierten (systemseitig erkannten) Strecken vom Fahrzeuggeschehen ab- und anderen Tätigkeiten zuwenden. Auf diesen Abschnitten übernimmt das System dann die Verantwortung und muss u. a. die Fähigkeit besitzen, das Fahrzeug bei Zwischenfällen selbstständig in einen risikominimalen Zustand (z. B. Abbremsen auf dem Seitenstreifen) zu überführen (Cacilo et al. 2015, 6 f.).

Der zusätzliche Entwicklungs- und Produktionsaufwand für die sukzessiven Stufen des automatisierten Fahrens wird sich in einem höheren Preis für die so ausgestatteten Fahrzeuge niederschlagen. Daher stellt sich die Frage nach dem wirtschaftlichen Nutzen und dem mit der Investition zu erzielenden ROI. In einer Studie der Unternehmensberatung Roland Berger (2016) werden als Haupteinflussfaktoren eine verringerte Unfallgefahr, geringerer Kraftstoffverbrauch sowie Einsparungen beim Fahrereinsatz identifiziert. Die erhöhte Sicherheit durch verbesserte Assistenzsysteme kann bereits in den ersten Stufen der Automatisierung zu geringeren Versicherungsgebühren führen. Die positiven Effekte beim Kraftstoffverbrauch sind vor allem durch das Fahren in Kolonne (Platooning) zu erwarten. Beim Platooning übernimmt ein LKW die Führung und alle weiteren folgen ihm über Funkkommunikation verbunden in geringem Abstand. Sechs Lkw-Hersteller demonstrierten die Technologie in Rahmen der European Platooning Challenge im April 2016[4]. Je nach Anzahl Trucks im Platoon und möglichem Abstand werden Kraftstoffeinsparungen in bis zu zweistelliger Höhe erwartet.

---

[4]http://www.eutruckplatooning.com, Abruf: 28.8.2016.

Erst ab der Stufe „Hochautomatisiertes Fahren" kann sich der Fahrer mit anderen Aktivitäten beschäftigen. Inwiefern er diese Zeit produktiv für das Unternehmen nutzen kann, hängt sicher auch von Zusatzqualifikationen ab. Auch die Einstufung dieser Zeit als „Fahren" oder „Bereitschaft" im Rahmen der europäischen Lenk- und Ruhezeitvorschriften spielt bei der ökonomischen Bewertung eine große Rolle.

Insgesamt kann festgehalten werden, dass durch die technologische Entwicklung eine stufenweise Einführung des automatisierten Fahrens im nächsten Jahrzehnt zumindest in Teilabschnitten des Straßennetzes möglich erscheint. Zu klären sind aber zentrale rechtliche Fragen bzgl. der Haftung im Schadensfall, die bei Personenschäden auch eine ethische Dimension aufweisen und die ebenso wie IT-Sicherheits- und Datenschutzaspekte letztlich über die gesellschaftliche Akzeptanz entscheiden werden.

Anwendungsfälle im Lager und in der internen Materialversorgung

5

Ebenso wie bei den Beispielen aus dem externen Transport im vorausgegangenen Kapitel bilden Identifikation und Lokalisierung wichtige Grundbausteine für Logistik 4.0-Projekte im Lager und im internen Materialfluss. Dies ist auch in den drei im Folgenden vorgestellten Anwendungsszenarien intelligente Behälter (Abschn. 5.1), autonome Transportfahrzeuge (Abschn. 5.2) und RFID-gestützte KANBAN-Kreisläufe (Abschn. 5.3) der Fall. In den Abschn. 5.1 und 5.3 wird der Beitrag der neuen Technologien insbesondere zur Umsetzung der Prinzipien einer schlanken Produktion deutlich, während in Abschn. 5.2 die Modularisierung und Flexibilisierung von automatisierten Transportlösungen in der Intra-Logistik im Vordergrund des Interesses steht.

5.1 Intelligente Behälter und Ladungsträger

Im ersten Kapitel hatten wir für unseren Kontext ein Objekt als „intelligent" bezeichnet, wenn es selbstständig in der Lage ist, ein vorgegebenes Ziel zu verfolgen. Für einen Behälter kann das bedeuten, dass er seinen Füllstand selbst erfassen und dafür sorgen kann, dass in Abhängigkeit des festgestellten Verbrauchs, der bekannten Wiederbeschaffungszeit und der noch verbliebenen Restmenge rechtzeitig Bestellungen ausgelöst werden. Er übernähme damit eine materialwirtschaftliche Aufgabe, die aktuell noch einer manuellen bzw. dispositiven Tätigkeit eines Mitarbeiters bedarf.

Solche Behälter entwickeln beispielsweise das Fraunhofer Institut für Materialfluss und Logistik (IML) oder die Firma Würth Industrie Service. Am IML wurde der Behälter inBin zu Demonstrations- und Forschungszwecken entwickelt, um die verschiedenen Technologien wie selbstständige Lokalisierung, Kommunikationsschnittstellen, Mikroprozessoren und Energieversorgung im Systemzusammenhang

© Springer Fachmedien Wiesbaden GmbH 2017
T. Bousonville, *Logistik 4.0*, essentials,
DOI 10.1007/978-3-658-13013-8_5

zu testen (Abb. 5.1). Dabei wurde insbesondere der Aspekt der autarken Energie-versorgung durch Energie-Harvesting über Solarzellen und Erschütterungen unter-sucht. Emmerich et al. (2012) stellen im Ergebnis fest, dass eine Energieversorgung durch Solarzellen im Lager möglich ist, und dem Betrieb durch Primärbatterien vorzuziehen ist.

Bereits in Abschn. 3.2 wurde der Behälter iBin der Firma Würth Industrie Ser-vice vorgestellt. Es handelt sich hierbei um einen Standardbehälter nach gängigen VDA-Abmessungen, der zusätzlich mit einer Wireless-Kamera ausgerüstet ist. Damit kann der Füllstand erfasst werden und an in der Nähe befindliche Access-Point-Module übertragen werden. Diese Access Point Module funktionieren im Wesentlichen als Repeater und leiten die Information an einen zentralen Server (SLM – Smart Logistics Management Server) weiter. Um den Energieverbrauch minimal zu halten werden nur in vordefinierten Abständen Aufnahmen des Behäl-terinneren an den Server übertragen (Hoffmann 2014, S. 212) (vgl. Abb. 5.2).

Die Serversoftware verwaltet die erfolgten Aufnahmen, wertet Füllstände aus und zeichnet auf diese Weise den Bestandsverlauf über die Zeit nach. Beim Erreichen des Meldebestandes kann automatisch eine Bestellung ausgelöst wer-den. Auf diese Weise kann auf die Kontrolle und Meldung eines leeren Behäl-ters durch den Mitarbeiter verzichtet werden, was den Aufwand und die Zeit des Wiederbeschaffungszyklus verringert und für erhöhte Prozesssicherheit sorgen kann (keine Falschmeldungen, keine vergessene Meldungen). Außerdem besteht jederzeit die Möglichkeit einer Inventur, sozusagen „auf Knopfdruck". Dabei ist zu beachten, dass eine exakte Inhaltserfassung auf Einzelstückebene erst mög-lich ist, wenn sich diese vom Behälterboden abheben, vorher erfolgt eine Schät-zung auf Basis der Füllhöhe. So zählt denn auch die Bildauswertung neben dem

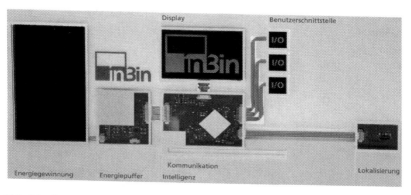

Abb. 5.1 Systemkomponenten des inBin. (Quelle: Emmerich et al. 2012, S. 3)

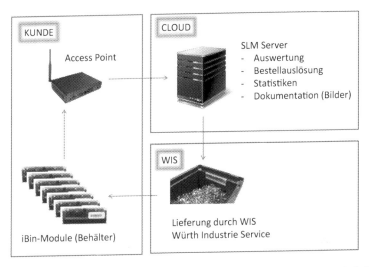

Abb. 5.2 Prozessablauf des iBin-Systems. (Quelle: in Anlehnung an Hoffmann 2014, S. 213)

Energiemanagement und der Länge der Funkstrecke noch zu den Herausforderungen bei der Weiterentwicklung der Technologie.

Das System wird mit einigen Kunden aus unterschiedlichen Industrien getestet, um weitere Erkenntnisse für den industriellen Einsatz zu gewinnen und insbesondere auch die Wirtschaftlichkeit besser beurteilen zu können (Faber 2014, S. 23). Bei letzterer wird neben den Kosten für die Hardware- und Systemausstattung auch der Wartungsaufwand eine entscheidende Rolle spielen. Die Gesamtkosten dürfen nicht zu hoch ausfallen, da die Einsatzszenarien sich in dieser Phase auf das C-Teile-Management konzentrieren und dort generell ein schlanker und kostengünstiger Beschaffungsprozesses im Vordergrund steht. Die nächsten Jahre werden zeigen, ob und wo sich intelligente Behälter durchsetzen werden.

5.2 Vom fahrerlosen Transportsystem zum Transportroboter

Wer kümmert sich nun darum, dass das Material, das der intelligente Behälter selbstständig und vorausschauend anfordert, auch geliefert wird? Gewöhnlich wird ein Mitarbeiter diesen Auffüllvorgang z. B. mit einem Routenzug oder

Gabelstapler durchführen. Besteht die Aussicht oder – je nach Perspektive – die Gefahr, dass auch dieser Teil des Materialversorgungsprozesses zukünftig automatisiert wird?

Für die Automatisierung von Transporten jenseits fest installierter Förderstrecken kommen Fahrerlose Transportsysteme (FTS) in Betracht. Nach der VDI-Richtlinie 2510 sind FTS „innerbetriebliche, flurgebundene Fördersysteme mit automatisch gesteuerten Fahrzeugen, deren primäre Aufgabe der Materialtransport, nicht aber der Personentransport ist". FTS werden für sehr verschiedene Anwendungskontexte entwickelt und existieren dementsprechend in unterschiedlichsten Ausprägungen, beispielsweise als Gabelhub-FTS, Unterfahr-FTS oder Schwerlast FTS (Ullrich 2013, S. 140). Neben dem Handling und der Lastentragfähigkeit handelt es sich bei den Entwicklungen auch hinsichtlich der Antriebs-Kinematik, der Energiespeicher- und Ladesysteme sowie der eingesetzten Navigationstechnologie um sehr individuelle Lösungen.

Insbesondere hinsichtlich der Navigation können drei grundsätzlich unterschiedliche Ansätze unterschieden werden: die liniengeführte, die rasterbasierte und die auf Reflektormarken basierende Navigation. Bei der liniengeführten Navigation orientiert sich das Fahrzeug an physischen Linien am oder im Boden (farbliche oder induktive Leitspuren) und kann von diesen nicht abweichen. Bei der Rasternavigation existiert ein im Boden eingelassenes Raster an Magneten, sodass die Wegeführung etwas flexibler gestaltet werden kann. Bei der Lasernavigation schließlich sind die Fahrerlosen Transportfahrzeuge mit einem rotierenden Laserscanner ausgestattet, der die Umgebung nach zu diesem Zweck angebrachten reflektierenden Marken absucht, um seine Position zu bestimmen. Die exakte Position und Fahrtrichtung wird mithilfe der Entfernung und dem Winkel des Lasers zu den Peilmarken, deren Positionen in einer digitalen Karte des Lagers verzeichnet sind, bestimmt. Zusätzlich zur Ortung werden noch odometrische Verfahren zur genauen Positionsbestimmung eingesetzt. Diese basieren auf der Auswertung der Fahrdaten (Geschwindigkeit und Richtung) zur Fortschreibung der letzten bekannten Position.

Bei herkömmlichen Systemen, unabhängig davon welchen Navigationsansatz sie verfolgen, ist die mögliche Wegeführung fest vorgegeben und ein blockierter Weg führt zu einem Stau ggf. sogar einem Deadlock (gegenseitige Blockierung von Fahrzeugen) im System. Eine Möglichkeit dies zu umgehen liegt in der Definition von alternativen Routen, die jedoch ebenfalls in der zentralen Steuerungssoftware erfasst und programmiert werden müssen. Das freie – d. h. durch das Transportfahrzeug selbst gesteuerte – Umfahren eines Hindernisses auf einem Weg ist nicht vorgesehen. Dies ist der Tatsache geschuldet, dass FTS in menschliche Arbeitssysteme integriert werden und die Vermeidung von Kollisionen und Personenschäden höchste Priorität besitzt.

Die Planung, Auslegung und Ersteinrichtung heutiger Automatisierungslösungen ist wegen des hohen Individualisierungsgrades und der notwenigen Expertise sehr aufwendig. Gleiches gilt für Wartung und Reparatur. Oft sind mit der Implementierung bauliche Veränderungen verbunden, die neben einer Anpassung des Bodenbelags auch Durchfahrtshöhen und -breiten betreffen können. Durch die zentralisierte und proprietäre Leitstandsteuerung sowie Fahrzeuge mit geringer „Autonomie" besteht wenig Flexibilität auf räumliche oder technische Änderungen der Umgebung bzw. des Produktportfolios zu reagieren. Die hohen notwendigen Investitionen bei gleichzeitiger Starrheit des Gesamtsystems stellt daher für sich wandelnde Produktionsprozesse und Fertigungsstrukturen ein Risiko dar.

Es liegt also nahe, für die innerbetrieblichen Transporte die in Abschn. 2.3 beschriebene Grundidee der dezentralen Steuerung durch intelligente Objekte bzw. Fahrzeuge zu verfolgen. In der Tat erlauben es verbesserte Sensortechnologien (3D Laserscanner) ein detailliertes 3-D-Abbild der sichtbaren Umgebung zu erzeugen. Diese Informationen können dann nicht nur durch den Abgleich mit einer gespeicherten Karte zur genaueren Positionierung (auch ohne Reflektormarken) verwendet werden. Sie stellen auch eine Basis für die selbstständige Navigation ohne fest vorgegebene Strecken dar (Bubeck et al. 2014, S. 229). Die Fahrzeuge besitzen dann die Fähigkeit, Hindernisse zu umfahren, da sie nicht an vordefinierte Wege gebunden sind. Transportaufträge können vom Fahrzeug selbst entgegen genommen und bis zum Ziel ohne Steuerungsanweisungen einer übergeordneten Einheit ausgeführt werden. Ab diesem Moment vom „Transportroboter" anstatt vom „Fahrerlosen Transportfahrzeug" zu sprechen, ist eine Frage der Semantik bzw. des Produktmarketings.

Anbieter von Transportrobotern mit freier Navigation sind beispielsweise das von Siemens mitfinanzierte Start-up Magazino, das mobile Roboter zur Kommissionierung von Einzelstücken entwickelt[1] oder die Omron Adept, die neben klassischen SCARA-Robotern auch die mobile Adept Lynx-Plattform anbietet[2]. Ähnlich wie beim automatisierten Fahren stellt die Beherrschung von optischer Sensortechnologie und Bildanalyseverfahren eine wesentliche Kernkompetenz der innovativen Hersteller dar. Damit ergänzt die IT-Kompetenz die klassischen Automations-Disziplinen Maschinenbau und Elektrotechnik und wird zu einem entscheidenden Element im Wettbewerb der Hersteller.

---

[1]http://www.magazino.eu/, Abruf: 09.09.2016

[2]https://www.adept.de/produkte/mobile-roboter, Abruf: 09.09.2016

5.3 Digitalisierung und dynamische Optimierung der Materialversorgung

Abschn. 5.1 hat den Einsatz von intelligenten Behältern zur Optimierung der C-Teile-Versorgung durch externe Dienstleister näher betrachtet. Verbrauchsgesteuerte Materialversorgungskonzepte sind durch den Siegeszug des Toyota-Produktionssystems auch werksintern zwischen den Fertigungs- und Montagestationen bzw. -linien verbreitet. Klar definierte KANBAN-Kreisläufe sorgen dafür, dass nur die verbrauchten Mengen von den vorgelagerten Produktionsstufen nachproduziert werden und setzen damit gemäß der Lean-Production-Philosophie an der Wurzel der Verschwendung, nämlich der Überproduktion, an (Dickmann 2015, S. 12).

Organisiert in Milkruns fahren Routenzüge jeweils feste Strecken, auf denen sie die Quellen mit den verbrauchenden Stellen verbinden. Zur Sicherstellung der unterbrechungsfreien Produktion werden die einzelnen Milkruns in einem festen Takt durchgeführt. Wird ein Routenzug bereits früher mit der Runde fertig, so wartet er bis die Zykluszeit abgelaufen ist. Um das System zusätzlich gegen Schwankungen (durch Abrufschwankungen und insbesondere Produktwechsel) abzusichern, muss reichlich Kapazität auf dem Routenzug eingeplant werden. Da ein Routenzug zudem nicht zwangsläufig an allen angefahrenen sogenannten Haltestellen ab- bzw. auflädt, entsteht entgegen der Zielsetzung eines schlanken Materialflusses Verschwendung in Form von Warten, ungenutzter Kapazität und unnötigen Wegen.

Um die Länge der Wiederbeschaffungszeit und damit die Höhe der Pufferbestände in den Supermärkten zu reduzieren, liegt die Idee nahe, die Information elektronisch anstatt durch den physischen Transport der KANBAN-Karte zu übermitteln und auf diese Weise Zeit einzusparen. Diesen Ansatz hat Bosch durch den Einsatz von RFID-Technologie zunächst in Pilotprojekten, anschließend durch das Ausrollen in mehreren Werken konsequent verfolgt. Alle KANBAN-Karten erhalten einen RFID-Transponder. Nach dem Verbrauch der Menge eines Behälters wird dessen Karte an einen RFID-Reader gehalten, der die Information über eine Middelware und das System an den Milkrunner übermittelt. Dieser berücksichtigt den Nachschub noch auf seiner aktuellen Route. Diese Technologie hat laut Bosch bei ca. 20 Mio. RFID-Buchungen im Jahr 2013 neben einer signifikanten Reduktion der Bestände auch zur Verbesserung der Prozesssicherheit geführt (RFID im Blick 2014). Als weiterer Vorteil ergeben sich eine automatisierte Erfassung des Materialflusses und seine systemseitige Abbildung. Die so erreichte Transparenz des Echtzeit-Zustandes kann dann als Basis für weitere Prozessoptimierungen genutzt werden (Anpassung von KANBAN-Größen etc.).

Durch die reduzierten Bestände wird nicht nur weniger Kapital gebunden, sondern auch Platz für wertschöpfende Produktionsprozesse geschaffen.

Einen Schritt weiter geht die WITTENSTEIN bastian GmbH im Rahmen des Forschungsprojektes CyProS (Reinhart et al. 2015). Durch die vorherrschenden Kleinserien am Standort Fellbach waren die Milkruns sehr schwankend ausgelastet. In dem Verbundprojekt wurde daher eine dynamische Planung der Bodenroller-Touren vorgenommen, indem die an den Stationen durch Scans erfassten Transportaufträge mithilfe einer Tourenplanungssoftware dynamisch an die Elektrozüge übermittelt wurden. Eine simulationsgestützte Validierung konnte nachweisen, dass pro Tour mehr Transportaufträge gefahren werden und somit die Kapazitätsauslastung steigt (Schlick et al. 2014, S. 66). Basis für die Umsetzung ist wie auch bei Bosch die Vernetzung verschiedener IT-Komponenten und die eindeutige Identifikation von einzelnen Objekten innerhalb des Materialflusses sowie das Herstellen von Transparenz über ihren genauen Standort.

In den Berichten über die Implementierung bei Bosch und WITTENSTEIN bastian heben die Autoren die Bedeutung der ausreichenden Information und Schulung der Mitarbeiter hervor. Diese, ebenso wie die schrittweise Umsetzung der Konzepte, ist für die Akzeptanz und den nachhaltigen Erfolg der Projekte entscheidend. Im Hinblick auf die praktische Durchführung und Akzeptanz der Digitalisierungsprojekte ist als weiterer nicht-technischer Aspekt der rechtliche Rahmen für den Umgang mit den anfallenden Daten zu beachten. Hiervon handelt das nächste Kapitel.

Im Jahr 2014 sorgte eine Serie von Schüssen auf LKW auf deutschen Autobahnen für Aufsehen. Der Täter konnte schließlich vom Bundeskriminalamt (BKA) durch umfangreiche Auswertungen von Fahrzeugkennzeichen und Mobilfunkdaten entlang der betroffenen Autobahnabschnitte identifiziert und überführt werden. Der damalige Präsident des BKA argumentierte, dass die Daten, die aufwendig erhoben werden mussten, eigentlich der Firma Toll Collect im Rahmen der Erhebung der LKW-Maut vorgelegen hätten. Dieser ist es jedoch laut Bundesfernstraßenmautgesetz verboten Auskünfte über die erhobenen Daten an Dritte weiterzugeben, sei es auch zum Zwecke der Strafverfolgung[1].

Dieser Fall zeigt anschaulich, dass nicht alles, wofür Daten sinnvoll verwendet werden könnten auch gesetzlich erlaubt ist. Daher geht Abschn. 6.1 zunächst auf den rechtlichen Rahmen ein, der der Erhebung von insbesondere personenbezogenen Daten zugrunde liegt. Die Bedürfnisse der Unternehmen nach einer sicheren Verarbeitung ihrer Daten durch Dritte als eine zentrale Voraussetzung für die Verbreitung von Cloud-Computing und den damit verbundenen Konzepten von Industrie und Logistik 4.0 ist dann Gegenstand von Abschn. 6.2.

---

[1]Nach §§ 4 Abs. 3 und 7 Abs. 2 BFStrMG; bestätigt durch das Landgericht Köln (AZ 105 QS159/08).

© Springer Fachmedien Wiesbaden GmbH 2017
T. Bousonville, *Logistik 4.0*, essentials,
DOI 10.1007/978-3-658-13013-8_6

6.1 Datenschutz und informationelle Selbstbestimmung

Das Bundesverfassungsgericht hat durch sein Urteil zur Volkszählung von 1983, basierend auf Art. 2 Abs. 1 in Verbindung mit Art. 1. Abs. 1 des GG das sogenannte Recht auf informationelle Selbstbestimmung als eine besondere Form des Persönlichkeitsrechtes etabliert. Es unterwirft das Speichern und Verarbeiten von personenbezogenen Daten durch Dritte, einschließlich des Staates, engen Grenzen. Das Verarbeiten von personenbezogenen Daten darf nur bei ausdrücklicher Zustimmung des Betroffenen oder bei überwiegendem allgemeinstaatlichem Interesse auf Basis einer gesetzlichen Regelung erfolgen. Dieser Tatbestand ist nicht weniger als einer der Grundpfeiler unseres Demokratieverständnisses, denn im Gegensatz dazu beruhen totalitäre Regierungsformen praktisch immer auf Überwachung und Kontrolle des Einzelnen.

Daher ist es durchaus problematisch, dass Unternehmen wie Google durch die Identifikation der Nutzer ihrer Softwaredienste auf Smartphones weitreichende Informationen über deren Bewegungsprofile sowie weitere persönliche Daten erlangen. Natürlich geschieht dies auf legaler Basis, da die Nutzer selbst Google dazu ermächtigen diese Daten zu erheben und weiterzuverarbeiten. Und es geschieht in der Regel im Gegenzug zur kostenfreien Nutzung der Dienste. Ähnliches gilt für Facebook sowie andere Unternehmen der Internet-Wirtschaft, die aus den gesammelten persönlichen Daten ausreichend Mehrwert erzeugen. Durch das Verkaufen von personalisierter Werbung werden so trotz kostenloser Produkte bzw. Dienstleistungen hohe Gewinne zu erzielt.

Während es bei Facebook und Co. in der Regel um vertragliche Beziehungen im privaten Bereich geht, unterliegt auch die Verwendung von personenbezogenen Daten, die im betrieblichen Kontext erhoben werden, engen Regeln. Nehmen wir als Beispiel die in manchen Telematiksystemen erhobenen Daten über die Fahrweise der Fahrer und deren Bewertung. Grundsätzlich erlaubt das Bundesdatenschutzgesetz (BDSG) in § 28 die Datenerhebung und -speicherung für eigene Geschäftszwecke, jedoch empfiehlt es sich zur Herstellung von Rechtssicherheit eine schriftliche Vereinbarung über die Art und den Zweck der verwendeten Daten mit den betroffenen Mitarbeitern abzuschließen. Dies kann im Arbeitsvertrag, einer gesonderten Vereinbarung oder im Rahmen einer Betriebsratsvereinbarung erfolgen. Für den Fall der Telematikdaten zur leistungsbezogenen Bewertung eines Fahrers wäre genau festzuhalten, welche Daten mit welchen Systemen erhoben und verarbeitet werden, wie lange sie gespeichert werden und zu welchem präzisen Zweck sie im Unternehmen verwendet werden. Existiert ein

Betriebsrat, so wird die Nutzung solcher Daten oft auf besondere Tatbestände beschränkt.[2]

Die immer engere internationale, wirtschaftliche Verflechtung in der Folge des EU-Binnenmarktes und der Globalisierung führt dazu, dass Daten über Ländergrenzen hinweg ausgetauscht werden. Um hier zumindest innerhalb der EU einheitliche Rahmenbedingungen für den Datenschutz und freien Datenverkehr zu schaffen, wurde im April 2016 nach langer Beratung vom Europäischen Parlament die EU-Datenschutzgrundverordnung (DSGVO) verabschiedet. Sie trat am 25.5.2016 in Kraft und gilt ab dem 25.5.2018 unmittelbar, also ohne die Notwendigkeit der Überführung in nationale Gesetze, in allen Mitgliedsstaaten der EU. Sie führt z. B. neu das „Recht auf Vergessen werden" ein, nach dem ein Suchmaschinenbetreiber die Ergebnisse (Links) auf Seiten mit veralteten persönlichen Informationen löschen muss, sofern der Betroffene dies beantragt und kein öffentliches Interesse an der Öffentlichkeit dieser Informationen besteht. Die DSGVO gilt für die Verarbeitung aller persönlichen Daten, soweit dies im Rahmen der Tätigkeiten einer Niederlassung eines Unternehmens in der EU erfolgt, unabhängig davon wo die Verarbeitung der Daten tatsächlich stattfindet. Damit sind in Zukunft auch Fälle abgedeckt, bei denen die eigentliche Speicherung und Verarbeitung der Daten bspw. auf Servern in den USA erfolgen.

6.2 Datensicherheit und Nutzerakzeptanz

Neben der Beachtung des Datenschutzes ist die datenverarbeitende Institution ferner dazu aufgefordert, für *Datensicherheit* zu sorgen, also den Missbrauch von gespeicherten Daten zu vermeiden (BDSG § 1 Abs. 1 und 2). Kaum eine Woche vergeht, in der nicht von Cyberangriffen auf Unternehmen berichtet wird, bei denen massenhaft persönliche Daten in die Hände Dritter oder in die Öffentlichkeit gelangen. Neben dem Reputationsverlust und seinen indirekten wirtschaftlichen Konsequenzen muss das Unternehmen bei zu später Reaktion auch mit Geldstrafen rechnen.

Die medienwirksamen Probleme beim Thema Datensicherheit lassen viele Unternehmen zögern, Cloudlösungen von Drittanbietern einzusetzen und damit wertvolle Daten außerhalb des eigenen unmittelbaren Einflusses zu speichern. Dies belegt eine Studie der Unternehmensberatung Ernst + Young aus dem Jahr

---

[2]http://www.arbeitsrecht.org/betriebsrat/arbeitsrecht/betriebsvereinbarung-rahmenbedingungen-zum-datenschutz-im-betrieb/, Abruf: 8.9.2016.

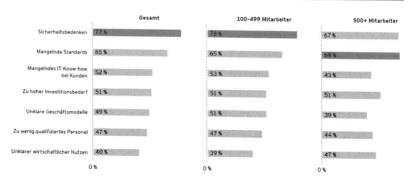

Abb. 6.1 Hemmnisse für die Einführung von Industrie 4.0 (Software, IT-Service, und Telekommunikationsanbieter). (Ernst und Young 2016, S. 18)

2016, die zu dem Ergebnis kam, dass die befragten Software-, IT-Service- und Telekommunikationsanbieter im Ranking der Einführungshürden von Industrie 4.0 die Sicherheitsbedenken an die erste Stelle setzten (Abb. 6.1).

Um das Vertrauen in die Verarbeitung von geschäftsrelevanten Daten außerhalb des eigenen Unternehmens herzustellen, hat die Branche Standards zur IT-Sicherheit entwickelt. So definiert die Norm ISO/IEC 27001 die Anforderungen für Herstellung, Einführung, Betrieb, Überwachung, Wartung und Verbesserung eines dokumentierten Managementsystems für IT-Sicherheit unter Berücksichtigung der einschlägigen Risiken innerhalb der Organisation[3]. Anbieter von Cloud-Diensten können interne Audits durchführen, um die Einhaltung der Anforderungen sicherzustellen und dies nach außen zu kommunizieren. Besonders die Zertifizierung durch externe Stellen kann jedoch zur erhöhten Glaubwürdigkeit der Einhaltung der definierten Standards beitragen und vermeidet individuelle Auditierungen durch potenzielle Kunden.

Die ISO/IEC 27018 gibt Umsetzungsempfehlungen für eine Zertifizierung nach ISO/IEC 27001 speziell für Cloudcomputing-Anwendungen. Im Auftrag des BMWi entwickelt ein Konsortium unter Führung der TÜV Informationstechnik GmbH verschiedene Schutzklassen für einzelne Cloud-Dienste. Das Bundesamt für Sicherheit in der Informationstechnik hat 2016 ebenfalls einen Katalog mit Kriterien zur Beurteilung der Informationssicherheit von Cloud-Diensten veröffentlicht,

---

[3]http://www.iso.org/iso/home/store/catalogue_ics/catalogue_detail_ics.htm?csnumber=54534, Abruf: 8.9.2016.

der sich teilweise auf die internationalen Standards bezieht und diese für verschiedene Anforderungsbereiche präzisiert und erweitert (BSI 2016). Insgesamt ist festzustellen, dass sich die Zertifizierung von Cloud-Diensten in der EU noch in einem Reifeprozess befindet. Vom Ergebnis und der Geschwindigkeit dieses Prozesses wird es neben Kosten- und Flexibilitätsvorteilen durch Cloud-Lösungen abhängen, wie schnell sich Unternehmen darauf einlassen. Weiterführende und ständig aktualisierte Informationen hierzu liefert u. a. das Kompetenznetzwerk Trusted Cloud des BMWi[4].

---

[4]https://www.trusted-cloud.de, Abruf: 8.9.2016.

Ausblick 7

In den grundlegenden Kapiteln sowie in den Anwendungsbeispielen ist deutlich geworden, dass die Veränderungen, die im deutschsprachigen Raum mit dem „4.0"-Appendix assoziiert werden, ganz wesentlich auf den gestiegenen Möglichkeiten des Erzeugens, Verknüpfens und Analysierens von Daten beruhen. Auf dieser Basis verändert sich unser Verständnis von Automatisierung. Stand bei den bisherigen industriellen Revolutionen die Übernahme von motorisch-taktilen Aufgaben durch Maschinen und Förderanlagen im Fokus, so führen nunmehr Algorithmen und Software-Agenten dispositiv-abstrakte Arbeiten aus, für die bisher Sachbearbeiter und ausgebildete Fachkräfte erforderlich waren. Dabei findet die Automatisierung häufig – wie wir es z. B. beim automatisierten Fahren gesehen haben – schrittweise statt: von der punktuellen Unterstützung bis hin zur Vollautomatisierung.

Aber auch die klassische Automatisierung steht durch die Computerisierung und Vernetzung ihrer Einzelelemente vor Veränderungen. Durch die steigenden Möglichkeiten der dezentralen Steuerung in einer auf kompatiblen Kommunikationsstandards basierenden Gesamtumgebung ist eine Flexibilisierung monolithischer Anlagen zu erwarten. Die Automatisierung manueller und geistiger Aktivitäten verläuft dabei nicht parallel, oft ist die Kombination beider Aspekte notwendig, um eine innovative Anwendung realisieren zu können. Als Beispiel sei an den Transportroboter erinnert, der sich selbstständig orientieren und seinen Weg durch den Verkehr zum Ziel finden, sich dabei aber auch sicher über unebene Böden und Bordsteinkanten bewegen können muss. Welche weiteren Entwicklungen die industrielle Forschung vorbereitet, zeigt eindrucksvoll ein Video des Robotik-Unternehmens Boston Dynamics, in dem ein humanoider Roboter einfache Lageristentätigkeiten übernimmt und durch ein schneebedecktes Feld läuft[1].

---

[1] https://www.youtube.com/watch?v=rVlhMGQgDkY, Abruf: 20.09.2016.

© Springer Fachmedien Wiesbaden GmbH 2017
T. Bousonville, *Logistik 4.0*, essentials,
DOI 10.1007/978-3-658-13013-8_7

Wie schnell und wie weitgehend die skizzierten Entwicklungen in der Breite umgesetzt werden, hängt von verschiedenen Faktoren ab. In einer Studie zur Zukunft der Warenverteilung auf der letzten Meile nennt die Unternehmensberatung McKinsey drei wesentliche Einflussgrößen: erstens die ökonomische Rentabilität, zweitens das Vorliegen eines klaren Rechtsrahmens und drittens die Akzeptanz durch die Nutzer (Joerss et al. 2016, S. 23). Hinzufügen möchte man: die Kenntnis und das Bewusstsein der existierenden Möglichkeiten. Denn auch rentable Investitionsentscheidungen werden nicht getroffen, wenn die Frage danach erst gar nicht gestellt wurde. Dies ist vor allem eine Herausforderung für kleinere Unternehmen und den Mittelstand, die daher von der Industrie- und Forschungspolitik besonders gefördert werden sollten.

Nur implizit thematisiert wurden in diesem Buch die Auswirkungen auf die Arbeitswelt und den Arbeitsmarkt. Entstehen auf der einen Seite im IT- und in angrenzenden Bereichen neue Bedarfe bis hin zu neuen Berufsbildern, z. B. dem Data Scientist, so werden andererseits durch Rationalisierung und Produktivitätsfortschritte weniger Mitarbeiter für die gleiche Aufgabe benötigt. Frey und Osborne haben versucht, die Auswirkungen der Digitalisierung auf Berufsbilder umfassend abzuschätzen (Frey und Osborne 2013, S. 57). Dies bleibt allerdings ein schwieriges Unterfangen und die Einschätzungen verschiedener Autoren gehen noch weit auseinander. Zu Recht weisen einige Autoren auf die Gefahr einer höheren emotionalen Belastung durch die gestiegene Transparenz und Kontrolle der Leistungserbringung hin (Dombrowski et al. 2014, S. 143). Zudem kann die Übernahme von Teilaufgaben durch Assistenzsysteme zu einer monotonen Arbeit und zur Unterforderung führen. Das sich wandelnde Berufsbild des LKW-Fahrers – von der Fernfahrerromantik zum Begleiter selbstfahrender Trucks – ist hierfür ein illustrierendes Beispiel.

Vor diesem Hintergrund wird deutlich, dass Logistik 4.0 nicht allein durch die technisch-ökonomische Brille betrachtet werden kann. Neben den voraussichtlich signifikanten Veränderungen der Arbeitswelt sind auch ethische Fragestellungen zu beantworten. Wie soll sich z. B. ein computergesteuertes Fahrzeug verhalten wenn es sich zwischen Situationen mit möglichen Personenschäden entscheiden muss? Was passiert mit meiner Privatsphäre, wenn der Kühlschrank im Zusammenspiel mit Robotern die Wiederbeschaffung der Lebensmittel selbst übernimmt? Fragen, auf die wir individuell und als Gesellschaft eine Antwort finden müssen, es sei denn wir halten es mit Ron Sommer, der als Vorstandsvorsitzender der Telekom Anfang der neunziger Jahre meinte: „Das Internet ist eine Spielerei für Computerfreaks, wir sehen darin keine Zukunft".

Was Sie aus diesem *essential* mitnehmen können

- Logistik 4.0 ist mehr als ein temporärer Hype.
- Logistik 4.0 basiert auf der umfassenden Vernetzung physischer Objekte und der Schaffung eines digitalen Abbilds der realen Prozesse.
- Die Erfassung, Verknüpfung und Auswertung von Daten entlang der Wertschöpfungskette ist die Basis von neuen Geschäftsmodellen und kann existierende grundlegend veränderten.
- Die Automatisierung von manuellen und dispositiven Tätigkeiten in Transport und Materailfluss wird signifikante Auswirkungen auf die Arbeitswelt haben und bedarf der Klärung rechtlicher und in Teilbereichen auch ethischer Fragestellungen.

© Springer Fachmedien Wiesbaden GmbH 2017
T. Bousonville, *Logistik 4.0*, essentials,
DOI 10.1007/978-3-658-13013-8

Literatur

Bauernhansl, T. (2014). Die Vierte Industrielle Revolution – Der Weg in ein wertschaffendes Produktionsparadigma. In T. Baurenhansl, M. ten Hompel, & B. Vogel-Heuser (Hrsg.), *Industrie 4.0 in Produktion, Automatisierung und Logistik* (S. 5–37). Wiesbaden: Springer Vieweg.

Bauernhansl, T., ten Hompel, M., & Vogel-Heuser, B. (2014). *Industrie 4.0, in: Produktion, Automatisierung und Logistik.* Wiesbaden: Springer Vieweg.

BITKOM. (2012). Bundesverband Informationswirtschaft Telekommunikation und neue Medien e. V. (Hrsg.). *Big Data im Praxiseinsatz – Szenarien, Beispiele, Effekte.* Berlin: BITKOM.

BITKOM. (2015). Bundesverband Informationswirtschaft Telekommunikation und neue Medien e. V. (Hrsg.). *Big Data und Geschäftsmodell – Innovationen in der Praxis: 40 + Beispiele.* Berlin: BITKOM.

BMVI. (2015). *Strategie automatisiertes und vernetztes Fahren.* Berlin: BMVI.

BSI – Bundesamt für Sicherheit in der Informationstechnik. (2016). *Anforderungskatalog Cloud Computing, Version 1.0, Februar 2016.* Berlin: BSI.

Bubeck, A., Gruhler, M., Reiser, U., & Weißhardt, F. (2014). Vom fahrerlosen Transportsystem zur intelligenten mobilen Automatisierungsplattform. In T. Bauernhansl, M. ten Hompel, & B. Vogel-Heuser (Hrsg.), *Industrie 4.0 in Produktion, Automatisierung und Logistik* (S. 221–233). Wiesbaden: Springer Vieweg.

Cacilo, A., Schmidt, S., Wittlinger, P., Herrmann, F., Bauer, W., Sawade, O., Doderer, H., Hartwig, M., & Scholz, A. (2015). *Hochautomatisiertes Fahren auf Autobahnen – Industriepolitische Schlussfolgerungen.* Berlin: Fraunhofer IAO Studie im Auftrag des Bundesministeriums für Wirtschaft und Energie (BMWi).

Dombrowski, U., Riechel, C., & Evers, M. (2014). Industrie 4.0 – Die Rolle des Menschen in der vierten industriellen Revolution. In W. Kersten, H. Koller, & H. Lödding (Hrsg.), *Industrie 4.0. Wie intelligente Vernetzung und kognitive Systeme unsere Arbeit verändern* (S. 130–153). Berlin: Gito-Verlag.

Emmerich, J., Roidl, M., Bich, T., & ten Hompel, M. (2012). Entwicklung von energieautarken, intelligenten Ladehilfsmitteln am Beispiel des inBin. *Logistics Journal Vol. 2012,* 1.

Faber, A. (2014). *Revolution in der Materialwirtschaft-Vernetzung und Automatisierung des C-Teile Managements = iBin.* Präsentation BVL-Forum 16.05.2014.

© Springer Fachmedien Wiesbaden GmbH 2017
T. Bousonville, *Logistik 4.0,* essentials,
DOI 10.1007/978-3-658-13013-8

Gartner. (2015). Gartner's 2015 hype cycle for emerging technologies identifies the computing innovations that organizations should monitor. http://www.gartner.com/newsroom/id/3114217. Zugegriffen: 21. Sept. 2016.

Gasser, T. M., Arzt, C., Ayoubi, M., Bartels, A., Bürkle, L., & Eier, J. (2012). Rechtsfolgen zunehmender Fahrzeugautomatisierung. *Forschung Kompakt, 11,* 2012. Bundesanstalt für Straßenwesen.

GS1 Germany. (2013). EPC/RFID – Die Zukunft hat begonnen. https://www.gs1-germany. de/fileadmin/gs1/basis_informationen/epc_rfid_die_zukunft_hat_begonnen.pdf. Zugegriffen: 2. Juli 2016.

GS1 Germany/Institut der deutschen Wirtschaft Köln Consult. (2011). *PROZEUS: Identifikationsstandards auswählen und einsetzen – Handlungsempfehlung zum Einsatz von eBusiness-Standards.* Köln: IW Medien.

Günther, W. A., Chisu, R., & Kuzmany, F. (2008). *Das Internet der Dinge – Teil II: Steuern ohne Hierarchie in F + H (7–8)* (S. 422–425). München: Technische Universität München.

Hassa, E. (2016). Verlieren Mitarbeiter nun ihre Jobs? *Verkehrsrundschau, 6*(2016), 18–20.

Hausladen, I. (2016). *IT-gestützte Logistik* (3. Aufl.). Wiesbaden: Springer Gabler.

Heistermann, F., & Wendt, C. (2016). Supply Chain Management in Zeiten der Digitalisierung. *Internationales Verkehrswesen, 68,* 20–22.

Hoffmann, F.-J. (2014). iBin – Anthropomatik schafft revolutionäre Logistik-Lösungen. In T. Baurenhansl, M. ten Hompel, & B. Vogel-Heuser (Hrsg.), *Industrie 4.0 in Produktion, Automatisierung und Logistik* (S. 207–220). Wiesbaden: Springer Vieweg.

ten Hompel, M., & Kerner, S. (2015). Logistik 4.0. *Informatik Spektrum, 38,* 176–182.

Hülsbömer, S. (2015). Gartner trends im reality check. In Computerwoche vom 14.12.2015. http://www.computerwoche.de/a/gartner-trends-im-reality-check,3070089. Zugegriffen: 16. Sept. 2016

IDC. (2012). THE DIGITAL UNIVERSE IN 2020: Big data, bigger digital shadows, and biggest growth in the far east.

Joerss, M., Schröder, J., Neuhaus, F., Klink, C., & Mann, F. (2016). *Parcel delivery – the future of the last mile.* New York: McKinsey & Company.

Kagermann, H., & Lukas, W.-D. (2011). Industrie 4.0: Mit dem Internet der Dinge auf dem Weg zur 4. industriellen Revolution in VDI Nachrichten vom 1. April 2011, Ausgabe 13. http://www.vdi-nachrichten.com/Technik-Gesellschaft/Industrie-40-Mit-Internet-Dinge-Weg-4-industriellen-Revolution. Zugegriffen: 9. Mai 2016.

Magerstedt, S. (2016). Durchgängiges digitales Engineering und Losgröße 1 in der Getränkeabfüll- und Verpackungsindustrie 4.2. In A. Roth (Hrsg.), *Einführung und Umsetzung von Industrie 4.0* (S. 151–162). Wiesbaden: Springer Gabler.

Moore, G. E. (1965). Cramming more components onto integrated circuits. *Electronics, 38*(8), 114–117.

Porter, M. E., & Heppelmann, J. E. (2015). How smart connected products are transforming companies. *Harvard Business Review, 2015*(October), 96–114.

Reinhart, G., Scholz-Reiter, B., Wahlster, W., Wittenstein, M., & Zühlke, D. (2015). *Intelligente Vernetzung in der Fabrik – Industrie 4.0 Umsetzungsbeispiele für die Praxis.* Stuttgart: Fraunhofer.

Regtmeier, J., & Kaufmann, T. (2016). Die modulare Embedded Plattform der Firma HARTING für Industrie 4.0. In A. Roth (Hrsg.), *Einführung und Umsetzung von Industrie 4.0 – Grundlagen, Vorgehensmodell und Use Cases aus der Praxis* (S. 163–172). Wiesbaden: Springer Gabler.

RFID im Blick. (2014). Industrielle Fertigung: Industrie 4.0 bei Bosch – Interview mit Dr. Daniel Neuhäuser vom 04.12.2014. http://www.rfid-im-blick.de/de/201412042426/industrielle-fertigung-industrie-4-0-bei-bosch.html. Zugegriffen: 16. Sept. 2016.

Roland Berger. (2016). Automated trucks – the next big disruptor in the automotive industry. https://www.rolandberger.com/media/pdf/Roland_Berger_Automated_Trucks_20160517.pdf. Zugegriffen: 2. Aug. 2016.

Schlick, J., Stephan, P., Loskyll, M., & Lappe, D. (2014). Industrie 4.0 in der praktischen Anwendung. In T. Bauernhansl & M. ten Hompel (Hrsg.), *Vogel-Heuser B Industrie 4.0 in Produktion, Automatisierung und Logistik* (S. 57–84). Wiesbaden: Springer Vieweg.

Schöpke, U. (2015). Fracht und Trailer immer in Echtzeit – volle Transparenz für die Supply Chain. In P. H. Voß (Hrsg.), *Logistik – eine Industrie, die (sich) bewegt* (S. 55–62). Wiesbaden: Springer Gabler.

Siepmann, D. (2016). Industrie 4.0 – Grundlagen und Gesamtzusammenhang. In A. Roth (Hrsg.), *Einführung und Umsetzung von Industrie 4.0 – Grundlagen, Vorgehensmodell und Use Cases aus der Praxis* (S. 17–82). Wiesbaden: Springer Gabler.

Statista. (2013a). *Material handling: industrial trucks and lift trucks – Statista Dossier.* New York: Statista.

Statista. (2013b). *Industrial Robots – Statista Dossier.* New York: Statista.

Ullrich, G. (2013). *Fahrerlose Transportsysteme. Eine Fibel – mit Praxisanwendungen – zur Technik – für die Planung.* Wiesbaden: Springer Vieweg.

Usine Digitale. (2016). http://www.usine-digitale.fr/industrie-4-0/. Zugegriffen: 8. Mai 2016.

Voigt, S. (2016). Game over ab 6 Euro. *VerkehrsRUNDSCHAU, 2016*(2/3), 38–40.

Weiser, M. (1991). The computer for the 21st Century. *Scientific American, 265*(3), 94–104.

Wrobel, S., Voss, H., Köhler, J., Beyer, U., & Auer, S. (2015). Big data, big opportunities. *Informatik Spektrum, 38,* 370–378.

Yin, S., & Kaynak, O. (2015). Big data for modern industry: Challenges and trends. *Proceedings of the IEEE, 103,* 143–146.

Printed in the United States
By Bookmasters